2024年版

中検2級試験問題

［第108・109・110回］
解答と解説

一般財団法人
日本中国語検定協会 編

白帝社

音声ファイルの再生方法について

■『中検 2 級試験問題 2024［第 108・109・110 回］』の音声ファイル (MP3) は，下記サイトにアクセスし，無料でストリーミングやダウンロードで聞くことができます。

https://www.hakuteisha.co.jp/audio/chuken/2-2024.html

■ **ストリーミングで聞く場合**（スマートフォン，パソコン，Wi-Fi がある所でおすすめ)：「ストリーミング」の下にあるトラック番号を選択（タッチまたはクリック）すると再生されます。

■ **ダウンロードで聞く場合**（パソコンでおすすめ)：「ダウンロード」の下にあるファイル名を選択（クリック）します。ファイルは ZIP 形式で圧縮された形でダウンロードされます。スマートフォンで行う場合の参考情報は，v 頁をご覧ください。

■ 発行より年月がたっているものは，ダウンロードのみとなります。

■ 本文中の マークの箇所が音声ファイル（MP3）提供箇所です。会場での受験上の注意を収録したトラック 01，02，48 は，本書「問題」部分には記していません。

■ 本書と音声は著作権法で保護されています。

ご注意

＊ 音声の再生には，MP3 ファイルが再生できる機器などが別途必要です。

＊ ご使用機器，音声再生ソフトに関する技術的なご質問は，ハードメーカー，ソフトメーカーにお問い合わせください。

ストリーミングやダウンロードがご利用できない場合は CD をお送りします。下記白帝社宛にお問い合わせください。

171-0014　東京都豊島区池袋 2-65-1　白帝社 CD 係

info@hakuteisha.co.jp　Tel：03-3986-3271　Fax：03-3986-3272

①ご希望の CD の書名：『中検 2 級試験問題 2024［第 108・109・110 回］』，②お送り先の住所・電話番号，③ご氏名をお知らせいただき，④ご入金の確認後に CD をお送りいたします。

まえがき

私たちの協会はこれまで各回の試験が終わるごとに級別に試験問題の「解答解説」を発行し，また年ごとに試験問題と解答解説を合訂した「年版」を公表してきました。これらは検定試験受験者だけでなく，広く中国語学習者や中国語教育に携わる先生方からも，大きな歓迎を受けてきましたが，ただ主として予約による直接購入制であったため，入手しにくいので一般の書店でも購入できるようにしてほしいという声が多く受験者や学習者から寄せられていました。

その要望に応えるため，「年版」の発行を中国語テキストや参考書の発行に長い歴史と実績を有する白帝社に委ねることにしました。「各回版」の方は速報性が求められ，試験終了後直ちに発行しなければならないという制約を有するため，なお当面はこれまでどおり協会が発行し，直接取り扱うこととします。

本書の内容は，回ごとに出題委員会が作成する解答と解説に準じていますが，各回版刊行後に気づいた不備，回ごとの解説の粗密や記述体裁の不統一を調整するとともに，問題ごとに出題のねらいや正解を導くための手順を詳しく示すなど，より学習しやすいものになるよう配慮しました。

本書を丹念に読むことによって，自らの中国語学習における不十分なところを発見し，新しい学習方向を定めるのに役立つものと信じています。中国語学習者のみなさんが，受験準備のためだけでなく，自らの学力を確認するための目安として本書を有効に活用し，学習効果の向上を図られることを願っています。

2024年4月

一般財団法人 日本中国検定協会

本書について

本書は，日本中国語検定協会が2023年に実施した第108回（3月），第109回（6月），第110回（11月）中国語検定試験の問題とそれに対する解答と解説を，実施回ごとに分けて収めたものです。リスニング問題の音声はダウンロードして聴くことができます。

問　題

・試験会場で配布される状態のものに，音声のトラック番号を 03 のように加えています。ただし，会場での受験上の注意を収録した各回のトラック 01，02，48 は記していません。

解答と解説

・問題の最初に，出題の形式や狙いと細かい配点を示しています。

・4択式の解答は白抜き数字❶❷❸❹で，記述式の解答は太字で示しています。解説は問題ごとに　内に示しています。

・問題文と選択肢のすべてに日本語訳例を付し，筆記の選択肢の語句にピンインを付けています。

・ピンイン表記は原則として《现代汉语词典 第7版》に従っていますが，“不”“一”の声調は変調したものを示しています。
“没有”は動詞は méiyǒu，副詞は méiyou のように表記しています。
軽声と非軽声の2通りの発音がある場合は，原則として軽声の方を採用しています。例：“打算 dǎ·suàn”は dǎsuan，“父亲 fù·qīn”は fùqin，“因为 yīn·wèi”は yīnwei。

・音声のトラック番号は，04 のように示し，繰り返しのものを割愛しています。

解答用紙見本

・巻末にマークシート式の解答用紙の見本（一部。70%縮小）があります。記入欄を間違えないように，解答欄の並び方を確認しましょう。

参考情報 スマートフォンで音声ダウンロードと再生を行う手順

https://www.hakuteisha.co.jp/audio/chuken/2-2024.html

・Android，iPhone：次の手順で再生してください。

① QR コードを読み取るか，ブラウザに URL を入力して，音声ダウンロードページを開きます。

⇩

② ダウンロードしたいものを選択（タッチ）すると，ダウンロードされます。

⇩

③ ダウンロードしたものが保存されている場所を開き，ダウンロードしたものを開きます。

⇩

④ ダウンロードしたファイルを選択し，聞きたいトラック番号を選択して，再生します。

＊スマートフォンの機種や使用アプリ，アプリのバージョンによって操作方法は少し異なることがあります。

目　次

第 108 回

(2023 年 3 月)

問　題

解答時間：計 120 分

配点：リスニング 100 点，筆記 100 点

解答と解説

リスニング （⇨解答と解説13頁）

03 **1** 1. (1)〜(5)のＡの発話に対するＢの問いの答えとして最も適当なものを，①〜④の中から１つ選びなさい。 (25 点)

04 (1)

① ② ③ ④

05 (2)

① ② ③ ④

06 (3)

① ② ③ ④

07 (4)

① ② ③ ④

08 (5)

① ② ③ ④

09 2. (6)～(10)のＡとＢの対話を聞き，それに続くＡの発話として最も適当なものを，①～④の中から１つ選びなさい。 (25 点)

10 (6)

① ② ③ ④

11 (7)

① ② ③ ④

12 (8)

① ② ③ ④

13 (9)

① ② ③ ④

14 (10)

① ② ③ ④

15 **2** 中国語を聞き，(1)～(10)の問いの答えとして最も適当なものを，①～④の中から 1 つ選びなさい。 (50 点)

16
24

17
25

18
26

19 (1)
27 ① ② ③ ④

20 (2)
28 ① ② ③ ④

21 (3)
29 ① ② ③ ④

22 (4)
30 ① ② ③ ④

23 (5)
31 ① ② ③ ④

32

40

33

41

34

42

35 (6)

43 ① ② ③ ④

36 (7)

44 ① ② ③ ④

37 (8)

45 ① ② ③ ④

38 (9)

46 ① ② ③ ④

39 (10)

47 ① ② ③ ④

筆　記 （⇨解答と解説22頁）

1 次の文章を読み，(1)～(10)の問いの答えとして最も適当なものを，①～④の中から1つ選びなさい。（20点）

“吃饭了吗”作为中国人常用的问候语，基本意思无人不知，但有时也会 (1) 发问：为什么中国人见面要问“吃饭了吗”，而不是问“你好吗”。有一种说法是：过去，中国人生活艰难，每天的三 (2) 饭是大家相互间最关心的事情，所以一见面就要问“吃饭了吗”。久而久之，它就成了人们 (3) 的日常用语。另一种说法是：它出自宋代的《吕氏乡约》。“乡约”就是乡民应该遵守的约定，去别人家进门前必须要问主人“吃饭了吗”，如果主人正准备吃饭，就等主人吃完饭再进去。否则，主人正在吃饭，你不问一声就进门， (4) 会有要去主人家吃饭的意思。所以，在《吕氏乡约》里，“吃饭了吗”是一种礼节。

这两种说法，一种源自中国人对饥饿的记忆，一种出自传统礼仪。 (5) 是哪一种，“吃饭了吗”都有一种关心他人的人文含义。 (6) 人们生活水平的提高，现在见面说“吃饭了吗”的人渐渐少了，但在吃饭时间前后见到熟人时，大家还是会问一句“吃饭了吗”。

前不久，一位朋友转发给我一个外国学者演讲的视频，他 (7) 讲出“吃饭了吗”的另一层意义。按照他的说法，中国人见面时说“吃饭了吗”，是因为他们深刻懂得饥饿的(8)滋味，所以会主动地问你。言外之意是如果你还没吃饭，我会尽自己所能帮助你。当听到“吃饭了吗”，你或许能感受到其中浓郁的人情味。

我不知道这位学者是哪国人，但这并不重要，重要的是这位学者把一个“吃饭了吗”的中国故事讲得如此耐人寻味， (9) 讲出了它产生的文化背景，还体会到中国人情社会的温暖。

⑴ 空欄⑴を埋めるのに適当なものはどれか。

① 无条件　② 想不到　③ 无所谓　④ 不由得

⑵ 空欄⑵を埋めるのに適当なものはどれか。

① 盒　② 顿　③ 场　④ 趟

⑶ 空欄⑶を埋めるのに適当なものはどれか。

① 打招呼　② 给面子　③ 讲礼貌　④ 说大话

⑷ 空欄⑷を埋めるのに適当なものはどれか。

① 难怪　② 难得　③ 难为　④ 难免

⑸ 空欄⑸を埋めるのに適当なものはどれか。

① 尽管　② 即便　③ 就算　④ 不管

⑹ 空欄⑹を埋めるのに適当なものはどれか。

① 随着　② 接着　③ 按着　④ 顺着

⑺ 空欄⑺を埋めるのに適当なものはどれか。

① 既然　② 居然　③ 果然　④ 忽然

⑻ 下線部⑻の正しいピンイン表記はどれか。

① jīwèi　② jīmèi　③ zīwèi　④ zīmèi

⑼ 空欄⑼を埋めるのに**適当でないもの**はどれか。

① 不光　② 不但　③ 不然　④ 不仅

⑽ 本文の内容と一致するものはどれか。

① 饥饿记忆和传统礼仪这两种说法都是不正确的。

② 现在中国人已经不把“吃饭了吗”作为问候语了。

③“吃饭了吗”问候语的形成有历史和文化的背景。

④ 乡约规定去别人家吃饭时要相互问对方“吃饭了吗”。

2 1. (1)〜(5)の中国語①〜④の中から，正しいものを 1 つ選びなさい。 (10 点)

(1) ① 他已经把工资全部花光了。
② 他把已经工资全部花光了。
③ 他已经把工资花光了全部。
④ 他全部把工资已经花光了。

(2) ① 你怎么给孩子买这么贵的玩具呢？
② 你给怎么孩子买这么贵的玩具呢？
③ 你这么买怎么贵的玩具给孩子呢？
④ 你买怎么这么贵的玩具给孩子呢？

(3) ① 他在座谈会上也一句话连没说。
② 他连在座谈会上没说也一句话。
③ 他连一句话也在座谈会上没说。
④ 他在座谈会上连一句话也没说。

(4) ① 这药就一片只吃了烧退了。
② 这药只吃了一片就烧退了。
③ 这药只一片吃了就烧退了。
④ 这药就一片吃了只退烧了。

(5) ① 还质量不错，价钱就是贵点儿了。
② 质量还不错，就是贵点儿价钱了。
③ 还质量不错，就是价钱贵了点儿。
④ 质量还不错，就是价钱贵了点儿。

2. ⑹～⑽の中国語の下線部の意味として最も適当なものを，①～④の中から１つ選びなさい。 (10点)

⑹ 浙江省富豪多，人们都说在中国浙江人最会做买卖。

① 采购　② 促销　③ 生意　④ 合同

⑺ 小孙和男朋友相处两年了，准备明年春节去见他父母。

① 丈夫　② 对象　③ 伙伴　④ 表哥

⑻ 他究竟是个什么样的人，我也说不清楚。

① 终于　② 总归　③ 毕竟　④ 到底

⑼ 媒体报道后，很多人开始关注这件事情。

① 关心　② 关照　③ 关怀　④ 关爱

⑽ 在国外的餐厅里很难吃到地道的上海菜。

① 正派　② 正宗　③ 正巧　④ 正好

3 ⑴～⑽の中国語の空欄を埋めるのに最も適当なものを，①～④の中から１つ選びなさい。 (20点)

⑴ 战争打了近一年，交战双方终于签订了（　　　）协议。
① 停手　② 失手　③ 失火　④ 停火

⑵ 如果是你做错了，就应该跟对方（　　　）。
① 说理　② 道谢　③ 道歉　④ 说情

⑶ 有些年轻人只知道享受，缺少（　　　）的精神。
① 吃素　② 吃苦　③ 吃醋　④ 吃惊

⑷ 回想起那十年的海外生活，就好像做了一（　　　）梦似的。
① 所　② 段　③ 处　④ 场

⑸（　　　）这种办法不行，我们就试试别的方法吧。
① 哪怕　② 即便　③ 因为　④ 既然

⑹ 你千万不要（　　　）这么好的一个机会。
① 难过　② 错过　③ 超过　④ 路过

⑺ 如果对我提出的方案不（　　　），你可以投反对票。
① 满意　② 满面　③ 满心　④ 满目

⑻ 人们常用“再世华佗”来形容医术（　　　）的医生。
① 高档　② 高明　③ 高层　④ 高贵

⑼ 中日两国是（　　　）的邻邦，有着两千多年文化交流的历史。
① 一席之地　② 一视同仁　③ 一衣带水　④ 一举两得

⑽ 你打网球都打了十年了，（　　　）你打得这么好呢。
① 怪不得　② 差不多　③ 经不起　④ 由不得

4 次の文章を読み，ピンイン表記の(a)・(b)を漢字（簡体字）に改め，下線部(1)・(2)を日本語に訳しなさい。 (18点)

俗话说“家有一老如有一宝”，只有做了父母的人才能真正体会到这句话的含义。

(1)前几天，我跟朋友聊天儿时，谈起现在的中年人十分忙碌，时常还要依靠父母来帮忙。没想到她说：“我妈妈不在了……”我一下子顿住了，她说：“以前都是我妈帮忙做饭，家里的柴米油盐我从来不操心。可是，那天当我拉开冰箱一看，里面空空的，什么都没有，忽然意识到我妈妈已经走了，我是没妈的孩子了，(a)shùnjiān 就崩溃了。”

我心中十分难受，由此想起来前不久在地铁上遇见的一件事情。(2)几个小姑娘大声地抱怨妈妈做的饭菜不好吃，种类太单调，甚至比便利店的盒饭还差。与好友的境遇比起来，她们似乎有些“身在福中不知福”。或许她们还年轻，母亲还在，所以不懂得爱惜。

我很感恩，还能吃到妈妈做的菜，即便是简单的炒土豆丝、西红柿炒鸡蛋，也都充满着家的味道和温暖，弥足(b)zhēnguì！

5 (1)〜(4)の日本語を中国語に訳しなさい。また，(5)の指示に従って中国語で文章を書きなさい。

（漢字は崩したり略したりせずに書き，文中・文末には句読点や疑問符をつけること。）

（22 点）

(1) あなたはどのようにしてこの結論を得たのですか。

(2) 先ほどの先生の話は聞いて分かりませんでした。

(3) あなたの名前をここに書いてください。

(4) 彼と相談してからあなたにご返事します。

(5)「携帯電話」について，次の 2 つの語句を使用して 30 字以上 50 字以内で書きなさい。

（使用した 2 つの語句には下線を引くこと。）

“功能”“方便”

※句読点も 1 字と数えます。文頭を 2 マス空ける必要はありません。

リスニング （⇨問題2頁）

1

解答：(1) ❶　(2) ❸　(3) ❶　(4) ❸　(5) ❷　(6) ❷　(7) ❹　(8) ❷　(9) ❶　(10) ❸

1．Aの発話に対するBの問いの答えを選びます。日常会話の一言を聞き取り，素早く状況をつかむ能力を問います。（各5点）

04 (1) A：黄金周，旅游景点到处人山人海，我看还是待在家里好。
（ゴールデンウイークは観光地はどこも黒山の人だかりだから，わたしはやはり家にいたほうがいいと思います。）

B：说话人的意思是：（話し手が言っている意味は：）

❶ 黄金周不要去旅游景点。
（ゴールデンウイークは観光地に行ってはならない。）

② 黄金周不要待在家里。（ゴールデンウイークは家にいてはならない。）

③ 黄金周应该去旅游地。（ゴールデンウイークは観光地に行くべきだ。）

④ 黄金周去海边旅游为好。
（ゴールデンウイークは海へ遊びに行くのがいい。）

05 (2) A：咱们坐的17次列车马上要检票了，就在这儿排队等着吧。（わたしたちが乗る17番列車はまもなく改札だから，ここで並んで待ちましょう。）

B：说话人在什么地方？（話し手はどこにいるか。）

① 在酒店大厅。（ホテルのロビー。）

② 在售票大厅。（チケット販売ホール。）

❸ 在候车室里。（駅の待合室。）

④ 在出租车上。（タクシーの中。）

06 (3) A：我明天到南京出差，后天不一定能回来。（わたしはあした南京へ出張しますが，あさって戻って来られるとは限りません。）

B：说话人的意思是：（話し手が言っている意味は：）

❶ 后天可能回不来。（あさって戻って来られないかもしれない。）

② 后天肯定会回来。（あさって必ず戻って来る。）

③ 明天可能回不来。（あした戻って来られないかもしれない。）

④ 明天肯定会回来。（あした必ず戻って来る。）

07 (4) A：小张说有点儿事，晚到一会儿，菜已经上来了，咱们先吃吧。

（張さんはちょっと用事があって，少し遅れるとのことです。料理はもう出そろっているから，先に食べましょう。）

B：说话人的意思是：（話し手が言っている意味は：）

① 小张不会来了。（張さんは来なくなった。）

② 小张已经来了。（張さんはもう来ている。）

❸ 不用等小张了。（張さんを待つ必要はなくなった。）

④ 再等小张一会儿。（張さんをもう少し待とう。）

08 (5) A：我的天哪！苹果这么贵了，前两天六块钱，现在八块五了。

（わあ！リンゴがこんなに高くなったとは。2，3日前には6元だったのに，今は8.5元になった。）

B：说话人的意思是：（話し手が言っている意味は：）

① 苹果又贵了六块钱。（リンゴがまた6元高くなった。）

❷ 苹果涨价涨得太快。（リンゴは値上がりのスピードが速すぎる。）

③ 现在买不起苹果了。（今は〔高くて〕リンゴが買えなくなってしまった。）

④ 现在买不到苹果了。

（今は〔在庫切れで〕リンゴが買えなくなってしまった。）

2. AとBの対話に続くAのことばを選びます。日常会話の短い対話を聞き取り，素早く状況をつかんで反応する能力を問います。 （各5点）

10 (6) A：我刚才跟你说的事情，你都记下来了吗？

（わたしが今あなたに話したことをあなたは書き取りましたか。）

B：对不起，我忙着看手机呢，没有记下来。

（すみません。わたしは携帯電話を見るのに忙しくて，書き取りませんでした。）

A：① 那我再念一次，你跟我念。

（それではもう1度読みますから，わたしについて読んでください。）

❷ 那我再说一遍，你注意听。

（それではもう1遍言いますから，注意して聞いてください。）

③ 那我先说，然后你再说。

（それではわたしが先に言いますから，あなたはその後で言ってください。）

④ 那我再听一遍，你慢点儿说。（それではわたしがもう1遍聞きますから，あなたはゆっくり話してください。）

11 (7) A：明天周六，下午你陪我上街去买毛衣吧！（あしたの土曜日，午後わたしに付き合って街にセーターを買いに行ってちょうだい。）

B：可以啊，买完毛衣就在外面吃晚饭，怎么样？
（いいよ。セーターを買い終わったら外で夕ごはんを食べるのはどう？）

A：① 行啊，咱们吃完晚饭就出发。
（いいわよ。夕ごはんを食べ終わったらすぐに出発しましょう。）

② 行啊，买完毛衣就回家吃饭。（いいわよ。セーターを買い終わったらすぐに家に帰ってごはんを食べましょう。）

③ 好啊，先吃晚饭然后再买毛衣。
（いいわよ。先に夕ごはんを食べてからセーターを買いましょう。）

❹ 好啊，先买毛衣，然后吃晚饭。
（いいわよ。先にセーターを買って，その後に夕ごはんを食べましょう。）

12 (8) A：大夫，我肚子疼得厉害，您快给我看看吧！
（先生，わたしはお腹がとても痛いのです。早く診てください。）

B：你躺下来，我检查一下。这里疼不疼？
（横になってください。ちょっと診てみましょう。この辺は痛いですか。）

A：① 疼，我头非常疼。（痛い。わたしは頭がとても痛いです。）

❷ 疼，这个地方最疼。（痛い。そこがいちばん痛いです。）

③ 不疼，打针不太疼。（痛くない。注射はあまり痛くありません。）

④ 不疼，不用吃药了。（痛くない。もう薬をのむ必要はありません。）

13 (9) A：我喜欢听中国歌曲，特别是民歌，你呢？
（わたしは中国の歌を聞くのが好きで，特に民謡が好きです。あなたは？）

B：我爱听中国歌曲《茉莉花》，但不会唱，你会吗？
（わたしは中国の歌の『ジャスミンの花』を聞くのが好きですが，歌えません。あなたは歌えますか。）

A：**❶ 当然会唱，但是我唱得不太好。**
（もちろん歌えますが，わたしはあまりうまくありません。）

② 当然喜欢听，我听过好几遍了。
（もちろん聞くのが好きです。わたしは何度も聞いたことがあります。）

③ 我还没听过他唱《茉莉花》呢。
（わたしはまだ彼が『ジャスミンの花』を歌うのを聞いたことがありません。）

④ 你唱《茉莉花》唱得太好听了。

（あなたは『ジャスミンの花』を歌うのがとても上手です。）

14 ⑽ A：春节到了，你准备回中国去吗？

（春節が来ました。あなたは中国に帰るつもりですか。）

B：不回去了，我爸爸妈妈要来日本玩儿。

（帰りません。両親が日本に遊びに来ます。）

A：① 那你春节就不能跟父母见面了吧。

（それではあなたは春節にご両親と会えなくなるでしょう。）

② 那你就不能跟父母一起过春节了吧。（それではあなたはご両親と一緒に春節を過ごすことができなくなるでしょう。）

❸ 那你们一家人要在日本过春节了吧。

（それではあなたたち一家の人は日本で春節を過ごすことになりますね。）

④ 那你们一家人要在老家见面了吧。

（それではあなたたち一家の人は実家で会うことになりますね。）

2 500字程度の２つの文章を聞き，内容についての問い５問ずつに答えます。ポイントとなる内容を聞き取り，全体の趣旨をつかむ能力を問います。（各５点）

解答：⑴❹　⑵❸　⑶❷　⑷❸　⑸❷　⑹❹　⑺❶　⑻❷　⑼❸　⑽❸

⑴～⑸の中国語

16 教师是一个很受欢迎的职业，要想成为一名教师，取得教师资格证则是基本条件。根据教育部公布的数据显示，全国教师总人数从 2012 年的 1462 万人增长到 2021 年的 1844 万人，增加了 26%。同时，教师资格考试的报名人数也从 2012 年的 17.2 万人上升到 2021 年的 1144 万人，10 年时间增长了 66 倍。特别让人们感到意料之外的是教师资格考试的报名人数居然超过了全国高考的报名人数。

17 在报考人群中，除了大学生，还有不少中年人。当今科学技术发展速度快，不学习新知识就无法适应社会的变化。其实，对于中年人来说，很多人参加教师资格考试并不是为了想当老师，而是想通过考试来督促自己学习。身在职场的中年人实在不容易，各方面压力都很大，既要忙工作，还得照顾家庭，现在又加上了参加教师资格考试。他们希望通过参加考试学习新知识，以此提高自己在职场的竞争力。

18　近年来，有越来越多的人报名参加教师资格考试。教师资格考试本身并不难，取得教师资格证也相对容易。可即便取得了资格也不一定能当上老师。现在有很多名牌大学的博士和硕士毕业生都要当中小学老师，使教师职业的竞争更加激烈。专家认为，优秀人才来当老师，当然有利于教师整体素质的提高，但是，如果想当老师的人多到已超出了正常范围的话，就说明我们社会在就业多样性方面出了问题。

訳：教師は人気のある職業で，教師になるには，教師資格証を取得することが基本的な条件である。教育部が公布したデータが示すところによれば，全国の教師の総人数は 2012 年の 1462 万人から 2021 年の 1844 万人にまで増え，26% 増加している。同時に，教師資格試験の受験者数も 2012 年の 17.2 万人から 2021 年の 1144 万人にまで上昇し，10 年間に 67 倍になっている。特に人々に予想外と感じさせたのは教師資格試験の受験者数が全国大学受験者数を上回っていることである。

受験者の中には，大学生のほかに，多くの中年の人もいる。現在，科学技術の発展はスピードが速く，新しい知識を学ばなければ社会の変化に適応できない。実のところ，中年の人にとっては，多くの人が教師資格試験を受けるのはべつに教師になりたいためではなく，試験を通じて自分に学ぶことを促したいからである。職場に身を置く中年の人は本当に大変で，いろいろな方面でプレッシャーが大きく，忙しく働かなければならないし，家庭も顧みなればならない。今またそれに加えて教師資格試験を受けるのである。彼らは受験を通じて新しい知識を学び，自分の職場における競争力を高めたいと願っている。

近年，ますます多くの人が教師資格試験を受験している。教師資格試験自体は別に難しくはないし，教師資格証を取得するのも割合簡単である。しかし資格を取得しても必ずしも教師になれるわけではない。現在多くの有名大学の博士や修士課程卒業生はみな小中学校の先生になりたがっており，教師という職業の競争は一層激しくなっている。専門家は優秀な人材が先生になることはもちろん教師全体の質の向上にとって有利であるが，しかし，もしも先生になりたい人の数が正常な範囲を超えてしまったら，我々の社会は就職の多様性の面で問題が生じていることを物語ることになると考えている。

19 (1) 問：2012 年全国教师资格考试的报名人数是多少？

(2012 年の全国教師資格試験の受験者数はどのくらいか。)

答：① 1462 万人。(1462 万人。)

② 1844 万人。(1844 万人。)

③ 1144 万人。(1144 万人。)

❹ 17.2 万人。(17.2 万人。)

20 (2) 問：让人们感到意料之外的是什么事情?

(人々に予想外と感じさせたのはどんな事か。)

答：① 教师资格考试的报名人数超过了 1 千万。

(教師資格試験の受験者数が 1 千万を超えたこと。)

② 教师资格考试的报名人数增长了 26%。

(教師資格試験の受験者数が 26%増えたこと。)

❸ 教师资格考试的报名人数超过了高考。

(教師資格試験の受験者数が大学受験者を超えたこと。)

④ 教师资格考试的报名人数增加了 66 倍。

(教師資格試験の受験者数が 67 倍に増えたこと。)

21 (3) 問：中年人参加资格考试的目的是什么?

(中年の人が資格試験を受ける目的は何か。)

答：① 为了今后当老师做好准备。

(今後先生になるためにちゃんと準備をするため。)

❷ 为了提高在职场的竞争力。(職場での競争力を高めるため。)

③ 为了有更多时间照顾家庭。

(家庭を顧みるのにより多くの時間を持つため。)

④ 为了减轻在工作上的压力。(仕事上のプレッシャーを軽減するため。)

22 (4) 問：为什么教师职业的竞争越来越激烈?

(なぜ教師という職業の競争はますます激しくなっているのか。)

答：① 因为教师资格的考试越来越难。

(教師資格の試験がますます難しくなっているから。)

② 因为科学技术发展速度越来越快。

(科学技術の発展速度がますます速くなっているから。)

❸ 因为有很多研究生毕业后要当老师。

(多くの大学院生が卒業後に先生になろうとしているから。)

④ 因为很多中年人的工作压力太大。

(多くの中年の人の仕事上のプレッシャーが大きすぎるから。)

23 (5) 問：与本文内容相符的是以下哪一项?

（本文の内容と一致するものは，次のどれか。）

答：① 教师资格考试的报名人数跟高考的人数一样多。
（教師資格試験の受験者は大学受験者数と同じくらい多い。）

❷ **即使有了教师资格证，也不一定能够当上老师。**
（たとえ教師資格証を取得しても，先生になれるとは限らない。）

③ 由于教师资格考试太难，大学生很难取得资格证。
（教師資格試験は難しすぎるので，大学生は資格証を取得するのが難しい。）

④ 教师职业的激烈竞争不利于教师整体素质的提高。（教師という職業の激烈な競争は教師全体の質の向上にとって不利である。）

⑹～⑽の中国語

32 七年前，小宋高中毕业后就离开山东老家去外地打工。他先来到上海，在一家电子工厂干了六年，从普通工人晋升到了维修技师，工资也还可以，差不多八千块钱。他在那里还有一个很大的收获，他认识了一位来自河南的女孩儿，两个人相爱结婚了。一年前，他们离开了上海，因为上海的物价太贵了。

33 听朋友介绍说，在杭州送外卖挣钱多，杭州的物价也没有上海那么贵。于是，小宋带着爱人来到了杭州。小宋来到杭州，很快找到了一个送外卖的工作，第一个月就挣了一万多块钱。送外卖虽然很辛苦，但收入确实比较高，而且租房子的费用也只有上海的一半。小宋的爱人也在附近的餐馆儿找到工作，一个月下来，两个人能挣不少钱。他们俩计划好了，努力干上五年，然后回山东老家买房子。

小宋还有一个哥哥和一个弟弟，哥哥在青岛开出租车，弟弟在南京卖水果。开出租和卖水果收入都不高，一个月最多七千块，少的时候只有五千多块钱。

34 小宋给哥哥和弟弟发微信，告诉他们送外卖挣钱多，建议他们也来杭州。哥哥和弟弟不相信送外卖能挣这么多钱，觉得小宋是在吹牛。为了让他们相信，小宋把自己这个月的工资单发了过去。看到了工资单，他们俩有点儿动心了。小宋希望哥哥弟弟能尽快来杭州，兄弟三人在一起可以互相关照。

訳：7年前，宋さんは高校を卒業するとすぐに山東の故郷を離れ，よその地へ出稼ぎに行った。彼はまず上海に来て，ある電子工場で6年働き，普通の労働者からメンテナンス・エンジニアに昇格し，給料もまあまあで，ほぼ8千元になった。彼はそこで大きな収穫もあった。彼は河南から来た女の子と知り合い，二人は愛し合い結婚した。1 年前，彼らは上海を離れた。上海の物価は高すぎるからだ。

友人の紹介によれば，杭州で宅配をやればたくさん稼げるし，杭州の物価も上海ほど高くないということであった。そこで，宋さんは妻を連れて杭州にやって来た。宋さんは杭州に来るとすぐに宅配の仕事を見つけ，最初の月にもう 1 万元余り稼いだ。宅配はとても大変だが，収入は確かに高く，しかも家を借りる費用も上海の半分に過ぎない。宋さんの妻も近くのレストランで仕事を見つけ，1 か月で，二人はたくさん稼ぐことができた。彼ら二人は，5 年間一生懸命働いた後，山東の実家に帰り，家を買う計画を立てた。

宋さんは兄と弟が 1 人ずついて，兄は青島でタクシーの運転手をしており，弟は南京で果物を売っていた。タクシードライバーや果物売りの収入はいずれも高くなく，1 か月で多くても 7 千元で，少ないときには 5 千元余りしかなかった。

宋さんは兄と弟に宅配は稼ぎが多いことをウィーチャットで知らせ，彼らも杭州に来るよう勧めた。兄と弟は宅配がそんなにたくさん稼げるとは信じず，宋さんはホラを吹いていると思った。彼らを信じさせるために，宋さんは自分のその月の給料明細を送ってやった。給料明細を見ると，彼ら二人は少し気持ちが動いた。宋さんは，兄弟三人が一緒にいれば互いに面倒を見合うことができるので，兄と弟ができるだけ早く杭州に来てくれることを願った。

35 ⑹ 問：小宋是什么时候离开老家的？（宋さんはいつ実家を離れたのか。）

答：① 一年前。（1 年前。）

② 五年前。（5 年前。）

③ 六年前。（6 年前。）

❹ 七年前。（7 年前。）

36 ⑺ 問：小宋和他爱人为什么离开上海？（宋さんと妻はなぜ上海を離れたのか。）

答：**❶ 因为上海的物价太高。**（上海の物価が高すぎるから。）

② 因为上海的房租便宜。（上海の家賃が安いから。）

③ 因为杭州送外卖辛苦。（杭州での宅配は大変だから。）

④ 因为准备去杭州结婚。（杭州に行って結婚するつもりだから。）

37 ⑻ 問：小宋和他爱人今后有什么打算？

（宋さんと奥さんは今後どういう計画があるのか。）

答：① 回河南老家开餐馆儿。（河南の実家に帰ってレストランを開く。）

❷ **在山东老家买房子。**（山東の故郷で家を買う。）

③ 让哥哥弟弟来上海。（兄と弟を上海に来させる。）

④ 到附近的饭馆儿打工。（近くのレストランでアルバイトをする。）

38 (9) 問：小宋的弟弟现在在干什么？（宋さんの弟は今何をしているのか。）

答：① 在青岛开出租车。（青島でタクシーの運転手をしている。）

② 在杭州的工厂打工。（杭州の工場でアルバイトしている。）

❸ **在南京卖水果。**（南京で果物を売っている。）

④ 在上海送外卖。（上海で宅配をしている。）

39 (10) 問：与本文内容相符的是以下哪一项？

（本文の内容と一致するものは，次のどれか。）

答：① 小宋兄弟三人都来到杭州送外卖。

（宋さん兄弟三人はみな杭州に来て宅配をしている。）

② 小宋发微信给哥哥弟弟说他结婚了。

（宋さんはウィーチャットで兄と弟に自分が結婚したと言った。）

❸ **小宋在杭州租房子花的钱比上海少。**

（宋さんが杭州で家を借りるのに使ったお金は上海より少ない。）

④ 小宋把哥哥弟弟的工资单拿走了。

（宋さんは兄弟の給料明細を持ち去った。）

筆　記 (⇨問題6頁)

1 600字程度の文章を読み，流れをつかんで適当な語句を補う8問，正しいピンインを選ぶ1問，内容の理解を問う1問に答えます。語句の知識と読解力を問います。 (各2点)

解答：(1)❹　(2)❷　(3)❶　(4)❹　(5)❹　(6)❶　(7)❷　(8)❸　(9)❸　(10)❸

“吃饭了吗”作为中国人常用的问候语，基本意思无人不知，但有时也会 (1)不由得 发问：为什么中国人见面要问“吃饭了吗”，而不是问“你好吗”。有一种说法是：过去，中国人生活艰难，每天的三 (2)顿 饭是大家相互间最关心的事情，所以一见面就要问“吃饭了吗”。久而久之，它就成了人们 (3)打招呼 的日常用语。另一种说法是：它出自宋代的《吕氏乡约》。“乡约”就是乡民应该遵守的约定，去别人家进门前必须要问主人“吃饭了吗”，如果主人正准备吃饭，就等主人吃完饭再进去。否则，主人正在吃饭，你不问一声就进门，(4)难免 会有要去主人家吃饭的意思。所以，在《吕氏乡约》里，“吃饭了吗”是一种礼节。

这两种说法，一种源自中国人对饥饿的记忆，一种出自传统礼仪。(5)不管 是哪一种，“吃饭了吗”都有一种关心他人的人文含义。(6)随着 人们生活水平的提高，现在见面说“吃饭了吗”的人渐渐少了，但在吃饭时间前后见到熟人时，大家还是会问一句“吃饭了吗”。

前不久，一位朋友转发给我一个外国学者演讲的视频，他 (7)居然 讲出“吃饭了吗”的另一层意义。按照他的说法，中国人见面时说“吃饭了吗”，是因为他们深刻懂得饥饿的(8)滋味 zīwèi，所以会主动地问你。言外之意是如果你还没吃饭，我会尽自己所能帮助你。当听到“吃饭了吗”，你或许能感受到其中浓郁的人情味。

我不知道这位学者是哪国人，但这并不重要，重要的是这位学者把一个“吃饭了吗”的中国故事讲得如此耐人寻味，(9)不光／不但／不仅 讲出了它产生的文化背景，还体会到中国人情社会的温暖。

訳：「ごはんを食べましたか」は中国人がよく使う挨拶言葉として，基本的な意味は知らない人はいないが，なぜ中国人は顔を合わせると「ごはんを食べましたか」と尋ね，「お元気ですか」ではないのかと問いたくなるときもある。

一説に，昔は中国人の生活は苦しく，毎日３度の食事が皆が互いに，一番関心を寄せることだったので，顔を合わせるとすぐに「ごはんを食べましたか。」と尋ねるのだという。時がたつうちに，それは人々が挨拶をするときの日常の言葉となった。もう一つの説は，それは宋代の『呂氏郷約』から来ているというものである。「郷約」とは，すなわち村人が守るべき約定であり，他人の家に入る前に主人に対して「ごはんを食べましたか」と必ず尋ねなければならない。もしも主人が食事をしようとしているときなら，主人が食べ終わってから入って行く。そうせずに，主人が食事をしているとき，一言かけずに門を入れば，主人の家に食事をしに来たという意味になってしまいかねない。それゆえ，『呂氏郷約』の中では，「ごはんを食べましたか」は一種の礼節である。

この２つの説は，一つは中国人の飢えに対する記憶に源を発しており，一つは伝統的な礼儀から来ている。どちらにしろ「ごはんを食べましたか」は他人を思いやる人文的な意味がある。人々の生活レベルの向上につれて，現在顔を合わせたとき「ごはんを食べましたか」と言う人はだんだん減っているが，食事時間の前後に知人に会ったとき，皆はやはり「ごはんを食べましたか」と一言尋ねる。

しばらく前，ある友達がわたしに外国の学者が講演している動画を転送してくれた。この学者は「ごはんを食べましたか」のもう一つの意味を述べている。彼の説によれば，中国人が会ったときに「ごはんを食べましたか」と言うのは，彼らは飢えの苦しみを深く知っているから，自分から尋ねるのだというのである。その言外の意味は，もしあなたがまだごはんを食べていないのなら，自分はできる限りあなたを助けてあげましょうというものである。「ごはんを食べましたか」を聞いたとき，あなたはその中のあふれるほどの情味を感じることができるかもしれない。

わたしはこの学者がどこの国の人か知らないが，それは重要ではない。重要なのはこの学者が「ごはんを食べましたか」についての中国の故事をこのように味わい深く話していることである。この言葉が生み出す文化的背景を語っているし，中国の人情社会の温かさも分かっているのだ。

(1) 空欄補充

① 无条件　② 想不到　③ 无所谓　❹ 不由得

“无条件”は「無条件に」，“想不到”は「思いも寄らない」，“无所谓”は「どうということはない」，“不由得”は「思わず」という意味です。“有时也会…发问”という文脈の中では，“不由得”を選びます。

(2) 空欄補充

① 盒　❷ 顿　③ 场　④ 趟

量詞の問題です。“盒”は小箱に入ったものを，“顿”は食事などを，“场”はイベントや出来事などを，“趟”は往復する動作を数えます。食事の回数を言っているので“顿”を選びます。

(3) 空欄補充

❶ 打招呼　② 给面子　③ 讲礼貌　④ 说大话

慣用句の問題です。“打招呼”は「挨拶する」，“给面子”は「顔を立てる」，“讲礼貌”は「礼儀正しい」，“说大话”は「大きなことを言う」という意味です。文頭に“‘吃饭了吗’作为中国人常用的问候语”とありますから，“打招呼”を選びます。

(4) 空欄補充

① 难怪　② 难得　③ 难为　❹ 难免

“难怪”は「道理で，なるほど」，“难得”は「得難い，貴重な」，“难为”は「困らせる」，“难免”は「免れない」という意味です。

(5) 空欄補充

① 尽管　② 即便　③ 就算　❹ 不管

接続詞の問題です。“尽管”は「…だけれども」，“即便”は「たとえ…としても」，“就算”は「たとえ…としても」，“不管”は「…にかかわらず」という意味です。後の疑問詞“哪一种”と組み合わせることができるのは“不管”だけです。

(6) 空欄補充

❶ 随着　② 接着　③ 按着　④ 顺着

“随着”は「…につれて」，“接着”は「引き続き」，“按着”は「…によって」，“顺着”は「…に沿って」という意味です。

(7) 空欄補充

① 既然　❷ 居然　③ 果然　④ 忽然

“既然”は「…したからには」，“居然”は「意外にも」，“果然”は「果たして」，“忽然”は「突然」という意味です。

(8) ピンイン表記

① jīwèi　② jīmèi　❸ zīwèi　④ zīmèi

(9) 空欄補充（不適当）

① 不光　② 不但　❸ 不然　④ 不仅

“不光”“不但”“不仅”は「…だけでなく」という意味の接続詞ですが，“不然”は「さもなければ」という意味です。

(10) 内容一致

① 饥饿记忆和传统礼仪这两种说法都是不正确的。
（飢えの記憶と伝統的な礼儀という2つの説はどちらも正しくない。）

② 现在中国人已经不把“吃饭了吗”作为问候语了。
（現在，中国人はすでに「ごはんを食べましたか」を挨拶言葉としなくなった。）

❸ **“吃饭了吗”问候语的形成有历史和文化的背景。**
（「ごはんを食べましたか」という挨拶言葉の形成には歴史と文化の背景がある。）

④ 乡约规定去别人家吃饭时要相互问对方“吃饭了吗”。
（郷約は他人の家に行って食事をするときには互いに相手に「ごはんを食べましたか」と尋ねなければならないと定めている。）

2

解答：(1) ❶　(2) ❶　(3) ❹　(4) ❷　(5) ❹　(6) ❸　(7) ❷　(8) ❹　(9) ❶　(10) ❷

1．正しい文を選びます。語順や語句の用法の理解を問います。　（各2点）

(1) ❶ **他已经把工资全部花光了。**（彼はもう給料を全部使い果たしてしまった。）

② 他把已经工资全部花光了。

③ 他已经把工资花光了全部。

④ 他全部把工资已经花光了。

介詞“把”によって目的語を動詞の前に出し，目的語に処置を加えることを表す“把”構文は「“把”＋目的語＋動詞＋補語など」の語順です。この4つの構成要素の関係は密であり，これらの間に他の要素を入れることはできません。

(2) ❶ **你怎么给孩子买这么贵的玩具呢？**

（あなたはどうしてこんなに高いおもちゃを子どもに買ってやるのですか。）

② 你给怎么孩子买这么贵的玩具呢？

③ 你这么买怎么贵的玩具给孩子呢？

④ 你买怎么这么贵的玩具给孩子呢？

“给孩子”という介詞句は“买这么贵的玩具”という「動詞＋目的語」を修飾しますから，その前に置かれます。疑問詞“怎么”は動詞句全体について尋ねているので，その前に置きます。

(3) ① 他在座谈会上也一句话连没说。

② 他连在座谈会上没说也一句话。

③ 他连一句话也在座谈会上没说。

❹ **他在座谈会上连一句话也没说。**（彼は座談会で一言も話さなかった。）

「“连…也”＋動詞句」は「…さえも…」という意味の強調表現です。場所を表す“在座谈会上”はその前に置きます。

(4) ① 这药就一片只吃了烧退了。

❷ **这药只吃了一片就烧退了。**

（この薬は1錠のんだだけですぐに熱が下がった。）

③ 这药只一片吃了就烧退了。

④ 这药就一片吃了只退烧了。

“只”は副詞ですから，動詞“吃”の前に置きます。“一片”は“吃”の目的語ですから，その後に置きます。“就”はその前に述べたことを受けて，「…すればすぐに…」という意味を表します。

(5) ① 还质量不错，价钱就是贵点儿了。

② 质量还不错，就是贵点儿价钱了。

③ 还质量不错，就是价钱贵了点儿。

❹ **质量还不错，就是价钱贵了点儿。**（質はまあいいが，ただ値段が少々高い。）

“还”は「まあまあ」の意を表す副詞ですから，形容詞句や動詞句の前に置きます。“就是”は「ただ…だけだ」という意味ですから，その後に来るのは“价钱贵了点儿”がふさわしいです。

2. 同じ意味になる語句を選びます。語句の意味についての知識を問います。

（各2点）

⑹ 浙江省富豪多，人们都说在中国浙江人最会做买卖。
（浙江省は富豪が多い。人々は中国の浙江人はいちばん商売がうまいと言う。）

① 采购 cǎigòu　② 促销 cùxiāo　❸ 生意 shēngyi　④ 合同 hétong

“采购”は「買い付ける，仕入れる」，“促销”は「販売を促進する」，“生意”は「商売，ビジネス」，“合同”は「契約」という意味です。“买卖”は「商売，商い」という意味です。

⑺ 小孙和男朋友相处两年了，准备明年春节去见他父母。（孫さんはボーイフレンドと付き合って2年になる。来年の春節に彼の両親に会いに行くつもりだ。）

① 丈夫 zhàngfu　❷ 对象 duìxiàng　③ 伙伴 huǒbàn　④ 表哥 biǎogē

“丈夫”は「夫」，“对象”は「恋人，結婚の相手」，“伙伴”は「仲間，パートナー」，“表哥”は「（父の姉妹・母の兄弟姉妹の息子で年上の）いとこ」という意味です。“男朋友”は「ボーイフレンド」という意味です。

⑻ 他究竟是个什么样的人，我也说不清楚。
（彼が一体どういう人か，わたしにも分からない。）

① 终于 zhōngyú　② 总归 zǒngguī　③ 毕竟 bìjìng　❹ 到底 dàodǐ

“终于”は「遂に，とうとう」，“总归”は「しょせん，どうせ」，“毕竟”は「いずれにせよ，つまるところ」，“到底”は「一体，そもそも」という意味です。“究竟”は「一体，結局」という意味です。

⑼ 媒体报道后，很多人开始关注这件事情。
（メディアが報道したあと，多くの人がこの事に関心を持ち始めた。）

❶ 关心 guānxīn　② 关照 guānzhào　③ 关怀 guānhuái　④ 关爱 guān'ài

“关心”は「関心をもつ，重視する」，“关照”は「面倒を見る，世話をする」，“关怀”は「気を配る，配慮する」，“关爱”は「気を配っていたわる」という意味です。“关注”は「関心をもつ，重大な注意を払う」という意味です。

⑽ 在国外的餐厅里很难吃到地道的上海菜。
（外国のレストランでは本場の上海料理を食べるのは難しい。）

① 正派 zhèngpài　　❷ 正宗 zhèngzōng
③ 正巧 zhèngqiǎo　　④ 正好 zhènghǎo

“正派”は「品行が正しい，立派である」，“正宗”は「正統の，本場の」，“正巧”は「折よく，ちょうど」，“正好”は「ちょうどよい，都合よく」という意味です。“地道 dìdao”は「本場の，正真正銘である」という意味です。

3 適当な語句を補います。読解力と語句の知識を問います。　（各2点）

解答：(1)❹　(2)❸　(3)❷　(4)❹　(5)❹　(6)❷　(7)❶　(8)❷　(9)❸　(10)❶

(1) 战争打了近一年，交战双方终于签订了（ 停火 ）协议。
（戦争は1年近く続いたが，交戦双方はついに停戦協定に調印した。）
① 停手 tíngshǒu　② 失手 shīshǒu　③ 失火 shīhuǒ　❹ 停火 tínghuǒ

“停手”は「手を休める，中止する」，“失手”は「手を滑らせる，手元が狂う」，“失火”は「失火する，火事を起こす」，“停火”は「停戦する」という意味です。戦争についての協議ですから，“停火”を選びます。

(2) 如果是你做错了，就应该跟对方（ 道歉 ）。
（もしもあなたが間違ったら，相手に謝るべきだ。）
① 说理 shuōlǐ　② 道谢 dàoxiè　❸ 道歉 dàoqiàn　④ 说情 shuōqíng

“说理”は「道理を説く，白黒をはっきりさせる」，“道谢”は「礼を言う」，“道歉”は「謝る，おわびを言う」，“说情”は「とりなす，情に訴える」という意味です。“如果是你做错了”を受けて“道歉”を選びます。

(3) 有些年轻人只知道享受，缺少（ 吃苦 ）的精神。（一部の若者はただ享受することを知っているだけで，苦労に耐える精神に欠けている。）
① 吃素 chīsù　❷ 吃苦 chīkǔ　③ 吃醋 chīcù　④ 吃惊 chījīng

「苦しみにあう，苦しみに耐える」という意味の“吃苦”を選びます。“吃素”は「精進料理を食べる，容赦する」，“吃醋”は「やきもちを焼く」，“吃惊”は「びっくりする」という意味です。

(4) 回想起那十年的海外生活，就好像做了一（ 场 ）梦似的。

（あの 10 年の海外生活を思い出すと，まるで夢を見ていたようだ。）

① 所 suǒ　② 段 duàn　③ 处 chù　❹ 场 chǎng

量詞の問題です。“所”は家屋，学校，病院などを，“段”は空間的・時間的区切りを，“处”は場所を，“场”は（ひとしきりの）出来事や場面などを数えます。夢を見ることを言っているので，“场”を選びます。

(5) （ 既然 ）这种办法不行，我们就试试别的方法吧。

（このやり方がだめな以上，わたしたちはほかの方法を試してみよう。）

① 哪怕 nǎpà　② 即便 jíbiàn　③ 因为 yīnwei　❹ 既然 jìrán

複文の文脈から“既然”（…したからには）を選びます。“哪怕”は「たとえ…でも」，“即便”は「仮に…としても」（“哪怕”と用法はほぼ同じですが，書き言葉に用います），“因为”は「…なので」という意味です。

(6) 你千万不要（ 错过 ）这么好的一个机会。

（あなたはこんな良い機会を絶対に逃してはいけない。）

① 难过 nánguò　❷ 错过 cuòguò　③ 超过 chāoguò　④ 路过 lùguò

“难过”は「苦しい，つらい」，“错过”は「（チャンスなどを）逃す，（時機を）失う」，“超过”は「追い越す，オーバーする」，“路过”は「経由する，通りかかる」という意味です。“机会”との組み合わせは“错过”が適当です。

(7) 如果对我提出的方案不（ 满意 ），你可以投反对票。

（もしわたしが出した案に不満なら，あなたは反対票を投ずればいいですよ。）

❶ 满意 mǎnyì　② 满面 mǎnmiàn　③ 满心 mǎnxīn　④ 满目 mǎnmù

“对我提出的方案不”の後に入るのは“满意”（満足する）です。“满面”は「満面」，“满心”は「胸いっぱい」，“满目”は「満目，見渡すかぎり」という意味です。

(8) 人们常用“再世华佗”来形容医术（ 高明 ）的医生。（人々はよく「華佗の生まれ変わり」という言い方で医術が優れた医者を形容する。）

① 高档 gāodàng　❷ 高明 gāomíng　③ 高层 gāocéng　④ 高贵 gāoguì

“医术”について言っているので，“高明”（優れている，卓越している）を選びます。“高档”は「高級な」，“高层”は「高層の」，“高贵”は「貴重だ，気高い」という意味です。

(9) 中日两国是（　一衣带水　）的邻邦，有着两千多年文化交流的历史。
（中日両国は一衣帯水の隣国であり，2千年余りの文化交流の歴史を有している。）

① 一席之地 yìxízhīdì　　② 一视同仁 yíshì-tóngrén
❸ 一衣带水 yìyīdàishuǐ　　④ 一举两得 yìjǔ-liǎngdé

日中両国についてよく言われるのは“一衣带水”（一衣帯水，極めて距離が近い）です。“一席之地”は「非常に小さな場所，あるべき地位（一角を占める地位）」，“一视同仁”は「一視同仁，すべてのものを平等に見る」，“一举两得”は「一石二鳥」という意味です。

(10) 你打网球都打了十年了，（　怪不得　）你打得这么好呢。（あなたはテニスをもう10年やっているのだから，こんなに上手なのももっともです。）

❶ 怪不得 guàibude　　② 差不多 chàbuduō
③ 经不起 jīngbuqǐ　　④ 由不得 yóubude

文脈から“怪不得”（道理で，なるほど）を選びます。“差不多”は「ほとんど同じである，大差はない」，“经不起”は「耐えられない」，“由不得”は「思うままにならない，思わず」という意味です。

4 **500字程度の文章を読み，2か所のピンインを漢字に改め，2つの文を日本語に訳します。全体の内容を理解しながら，正しく漢字で書く能力，日本語の翻訳力を問います。**（(a)(b)各2点，(1)(2)各7点）

俗话说“家有一老如有一宝”，只有做了父母的人才能真正体会到这句话的含义。

(1)前几天，我跟朋友聊天儿时，谈起现在的中年人十分忙碌，时常还要依靠父母来帮忙。没想到她说：“我妈妈不在了……”我一下子顿住了，她说：“以前都是我妈帮忙做饭，家里的柴米油盐我从来不操心。可是，那天当我拉开冰箱一看，里面空空的，什么都没有，忽然意识到我妈妈已经走了，我是没妈的孩子了，(a) shùnjiān（瞬间）就崩溃了。”

我心中十分难受，由此想起来前不久在地铁上遇见的一件事情。(2)几个小姑娘大声地抱怨妈妈做的饭菜不好吃，种类太单调，甚至比便利店的盒饭还差。与好友的境遇比起来，她们似乎有些“身在福中不知福”。或许她们还年轻，母亲还在，所以不懂得爱惜。

我很感恩，还能吃到妈妈做的菜，即便是简单的炒土豆丝、西红柿炒鸡蛋，也都充满着家的味道和温暖，弥足(b) zhēnguì（珍贵）！

訳：「年寄りは家の宝」ということわざがある。親になった人だけが本当にこの言葉の意味を理解することができる。

(1)数日前，わたしは友達とおしゃべりをしているとき，今の中年の人はとても忙しく，いつも親に手伝ってもらわなければならないという話をした。思いがけず彼女は「母は亡くなりました……」と言った。わたしは言葉を途切らせてしまった。彼女は「以前はいつも母が食事作りを手伝ってくれて，家の生活必需品をわたしは心配することはありませんでした。でも，あの日わたしが冷蔵庫を開けて見てみると，中は空っぽで，何もありませんでした。母はもう亡くなり，わたしはすでに母のいない子になっていることに突然気が付き，急に愕然《がくぜん》としました」と言った。

わたしは心の中がとてもつらくなった。この事から少し前に地下鉄の中で出くわしたある事を思い出した。(2)数人の若い女の子が大声で母親が作る料理がおいしくない，種類が少なく，コンビニの弁当よりもさらに落ちると不満をもらしていた。親友の境遇と比べて，彼女たちは「幸福の中にいると幸福が分からない」ようであった。彼女たちはまだ若く，母親が健在しているから，大切にすることを知らないのかもしれない。

わたしはまだ母が作ってくれる料理を食べることができることを感謝している。たとえ簡単なジャガイモの細切り炒め，トマトとタマゴの炒め物であっても，家の味と温かみに満ちており，とても貴重なものなのだ。

(a)・(b)，(1)・(2)　上記参照

(b)“弥足珍贵”は非常に貴重であることを表す成語です。

5 **やや長めの文4つを中国語に訳し，指定された2つの語句を使用して1つの事柄について作文します。日常で常用の語句，表現を用いて文を組み立てる能力を問います。**
((1)～(4)各4点，(5)6点)

(1) あなたはどのようにしてこの結論を得たのですか。

你是怎么得出这个结论的?

すでに結論を得ていて，「どのようにして」と方法を尋ねているのですから，“是…的”の構文を使います。“的”の位置を移して“你是怎样得出的这个结论？”とすることもできます。

⑵ 先ほどの先生の話は聞いて分かりませんでした。

刚才老师（说）的话我没听懂。

「聞いて分かった」は“听懂了”，その否定「聞いて分からなかった」は“没听懂”です。「聞いて分かりませんでした」は“没听明白”と訳すこともできます。

⑶ あなたの名前をここに書いてください。

请把你的名字写在这里。

この文は“把”構文を使わなければ，訳すことはできません。“你的名字”を“把”によって“写在这儿”の前に置きます。

⑷ 彼と相談してからあなたにご返事します。

我跟他商量以后，再答复你。

「…してから…する」は“…以后，再…”という語順で表します。「あなたに返事をする」は“回答你”“告诉你”“给你回信”と訳すこともできます。

⑸「携帯電話」について “功能”“方便”を使用

（作文例）**智能手机有很多<u>功能</u>，既可以用它跟朋友交流，又可以用来买东西，使我们的生活变得越来越<u>方便</u>了。**

（スマホにはたくさんの機能がある。それを使って友人とコミュニケーションすることも，買い物をすることもでき，わたしたちの生活はますます便利になった。）

第109回

(2023年6月)

問　題

解答時間：計120分

配点：リスニング100点，筆記100点

解答と解説

リスニング

（⇨解答と解説45頁）

03 1　1. (1)〜(5)のＡの発話に対するＢの問いの答えとして最も適当なものを，①〜④の中から１つ選びなさい。　(25 点)

04 (1)

①　②　③　④

05 (2)

①　②　③　④

06 (3)

①　②　③　④

07 (4)

①　②　③　④

08 (5)

①　②　③　④

09 2. (6)～(10)のＡとＢの対話を聞き，それに続くＡの発話として最も適当なものを，①～④の中から１つ選びなさい。 (25 点)

10 (6)

① ② ③ ④

11 (7)

① ② ③ ④

12 (8)

① ② ③ ④

13 (9)

① ② ③ ④

14 (10)

① ② ③ ④

15 **2** 中国語を聞き，⑴～⑽の問いの答えとして最も適当なものを，①～④の中から 1 つ選びなさい。 (50 点)

16
24

17
25

18
26

19 (1)

27 ① ② ③ ④

20 (2)

28 ① ② ③ ④

21 (3)

29 ① ② ③ ④

22 (4)

30 ① ② ③ ④

23 (5)

31 ① ② ③ ④

32
40

33
41

34
42

35 (6)
43 ① ② ③ ④

36 (7)
44 ① ② ③ ④

37 (8)
45 ① ② ③ ④

38 (9)
46 ① ② ③ ④

39 (10)
47 ① ② ③ ④

筆　記 （⇨解答と解説54頁）

1 次の文章を読み，(1)～(10)の問いの答えとして最も適当なものを，①～④の中から1つ選びなさい。 (20点)

老张 [(1)] 有一家名叫“饺子王”的餐馆，饺子的味道特别好。他决定去尝一尝那家餐馆的饺子，于是特意赶到那家餐馆，寻了 [(2)] 座位坐下来，要了一盘饺子。

饺子很快端上来了。就在老张要开始吃饺子的时候，听到一个很(3)熟悉的声音:“老张，吃饺子啊！”老张抬头一看，原来是以前的邻居老王。他回应了一声：“哦，老王你也来吃饺子啊！”老王说 :“吃饺子。”说着，就坐在离老张不远的座位上了。

老张突然感到有点儿 [(4)] 了——待会儿吃完了饺子，要不要顺便给老王买单？如果给老王买单，就要多付五块钱。五块钱不是大数，可也不是小数，更重要的是，我凭什么要 [(5)] 地为老王买单呢？你老王既不是我的上级，又不是我的亲戚朋友，既不是我的老子，又不是我的儿子…… 但如果不给老王买单，又 [(6)] 自己小气，不懂人情。

这样一想，老张就故意放 [(7)] 了吃饺子的速度，他要让老王先吃完。当然，老张也不是想让老王为自己买单，老张 [(8)] 不是那种贪小便宜的人呢！老张只是不愿意 [(5)] 地为别人买单而已，老张只是要让自己既不吃亏又不失体面而已……

老张正在费尽心思咀嚼这个问题的时候，老王的声音又响起来了 :“老张，你的饺子钱我已经付了。我有事先走了，你慢慢吃。”

老王一 [(9)] 风似地走了。老张还没来得及回应一声谢谢，因为他正在反复琢磨刚才想的那个问题呢。

老张走出了餐馆，心里想着自己是不是太小气了，老王会怎么看自己？可就是怎么也想不起饺子的味道来。老张心里说——什么“饺子王”？都是吹的！

(1) 空欄(1)を埋めるのに適当なものはどれか。

① 传说　② 了解　③ 听说　④ 明白

(2) 空欄(2)を埋めるのに適当なものはどれか。

① 个　② 只　③ 张　④ 把

(3) 下線部(3)の正しいピンイン表記はどれか。

① shúxi　② súqi　③ shúxì　④ súqì

(4) 空欄(4)を埋めるのに適当なものはどれか。

① 不在意　② 不自由　③ 不在乎　④ 不自在

(5) 2か所の空欄(5)を埋めるのに適当な同一の語はどれか。

① 无拘无束　② 无缘无故　③ 无声无息　④ 无影无踪

(6) 空欄(6)を埋めるのに適当なものはどれか。

① 想得　② 看得　③ 记得　④ 显得

(7) 空欄(7)を埋めるのに適当なものはどれか。

① 先　② 慢　③ 快　④ 后

(8) 空欄(8)を埋めるのに適当なものはどれか。

① 又　② 也　③ 才　④ 并

(9) 空欄(9)を埋めるのに適当なものはどれか。

① 阵　② 条　③ 场　④ 段

(10) 本文の内容と**一致しないもの**はどれか。

① 老张特地去“饺子王”吃饺子。

② 老张不想为老王买单。

③ 老张和老王以前就认识。

④ 老张希望老王能给他买单。

2 1. ⑴～⑸の中国語①～④の中から，正しいものを 1 つ選びなさい。 (10 点)

⑴ ① 你怎么都连我不认识了？
② 怎么你都不认识连我了？
③ 你怎么连我都不认识了？
④ 怎么你连都不认识我了？

⑵ ① 你请他们到里面来坐吧。
② 他们到里面来你请坐吧。
③ 你请到里面他们来坐吧。
④ 他们坐到里面来你请吧。

⑶ ① 我给他三次打了电话在高铁上。
② 我三次给他在高铁上电话打了。
③ 我电话三次在高铁上打了给他。
④ 我在高铁上给他打了三次电话。

⑷ ① 今天把钱包没差点儿丢了。
② 今天没差点儿丢了把钱包。
③ 今天差点儿没把钱包丢了。
④ 今天没把钱包丢了差点儿。

⑸ ① 早知电影没意思，不如在家看电视。
② 电影早知没意思，在家不如看电视。
③ 没意思早知电影，不如看电视在家。
④ 电影没意思早知，看电视不如在家。

2. ⑹～⑽の中国語の下線部の意味として最も適当なものを，①～④の中から１つ選びなさい。 (10 点)

⑹ 他看见人就假笑，样子让人恶心。

① 生气　② 头晕　③ 讨厌　④ 害怕

⑺ 我老伴儿原来和我一个单位。

① 丈夫或妻子　② 男女朋友　③ 上司或同事　④ 从小的好朋友

⑻ 今天是过年，我们怎么能空手去？

① 不洗手　② 不戴手套　③ 不交钱　④ 不带礼物

⑼ “认真”能把事情做成，“用心”能把事情做好。

① 专心　② 安心　③ 努力　④ 费力

⑽ 我没什么短处被他说的，我不怕！

① 秘密　② 心事　③ 缺点　④ 疾病

3 ⑴〜⑽の中国語の空欄を埋めるのに最も適当なものを，①〜④の中から１つ選びなさい。 (20点)

⑴ 他们都在排队买面包，我可没那（　　　）。

① 时候　② 工夫　③ 余暇　④ 假期

⑵（　　　）是你啊，我以为是谁来了呢。

① 确实　② 确定　③ 原来　④ 本来

⑶ 风不但没停，（　　　）越来越大了。

① 然而　② 反而　③ 可是　④ 就是

⑷ 妈妈（　　　）地说：“孩子，别担心，一切都会好的！”

① 温和　② 暖和　③ 和谐　④ 和睦

⑸ 我们公司工资很高，（　　　）太忙，常常要加班。

① 因此　② 其实　③ 只是　④ 难怪

⑹ 时间这么（　　　），我复习不完。

① 急　② 早　③ 紧　④ 快

⑺ 他表情（　　　）地坐着，一动也不动。

① 严肃　② 严格　③ 严谨　④ 严厉

⑻ 她（　　　）工作一向都很认真。

① 思念　② 思虑　③ 对付　④ 对待

⑼ 今天要爬山，恐怕会饿，早饭大家（　　　）多吃点儿。

① 尽量　② 尽力　③ 尽管　④ 尽情

⑽ 这么大的事（　　　）和你父母商量一下儿？

① 行不行　② 会不会　③ 要不要　④ 好不好

4 次の文章を読み，ピンイン表記の(a)・(b)を漢字（簡体字）に改め，下線部(1)・(2)を日本語に訳しなさい。 (18 点)

最不能让我忘却的是曾周。他是北京大学生物系学生，20 世纪 80 年代中期到三官庙村来实习，为了跟踪大熊猫，从三星桥的崖顶(a)diēluò 下去，一个年轻的生命就此在深山定格。曾周被安葬在三官庙村的山坡上，他的同学在周围种了很多树，立了碑，上面刻着“看见你我们更热爱这片山林”。我没有见过曾周，但是我见到了他的父亲——一个文质彬彬的老人。老人千里迢迢赶到秦岭腹地三官庙村。(1)我默默地陪着老人在墓前坐了许久，任何安慰在丧子的老人面前都是苍白无力的。老人离开的时候对着坟墓大声说“周周，爸爸老了，以后不能来看你了……”是的，老人不能来了，但是我们还会来。几十年了，曾周的墓前常有人前去吊唁，有当地的孩子，有来考察的科学工作者。我每次去三官庙村，都要在山坡沿途摘一捧野花，送到他的墓前。曾周，看见你我们更热爱这片山林……

三官庙村，老县城村，这些地方深藏在秦岭高山(b)xiágǔ 尽头。进入其中，(2)人和动物的故事扑面而来，紧紧护住我们，给我们以感动，让我们敬畏和感恩。

5 ⑴～⑷の日本語を中国語に訳しなさい。また，⑸の指示に従って中国語で文章を書きなさい。

（漢字は崩したり略したりせずに書き，文中・文末には句読点や疑問符をつけること。）

（22 点）

⑴ わたしの代わりに航空券を予約してもらえますか。

⑵ 物が多すぎて，ここに置ききれません。

⑶ 彼は忙しくて，寝る時間さえありません。

⑷ 一生懸命に勉強してはじめて，よい成績が取れます。

⑸「わたしの小学生時代」について，次の 2 つの語句を使用して 30 字以上 50 字以内で書きなさい。

（使用した 2 つの語句には下線を引くこと。）

“好奇”“经常”

※句読点も 1 字と数えます。文頭を 2 マス空ける必要はありません。

リスニング (⇨問題34頁)

1

解答：(1)❹　(2)❷　(3)❸　(4)❹　(5)❶　(6)❸　(7)❷　(8)❸　(9)❹　(10)❶

1. Aの発話に対するBの問いの答えを選びます。日常会話の一言を聞き取り，素早く状況をつかむ能力を問います。 (各5点)

04 (1) A：再加五十块钱才能买这双鞋，就买那双吧。
(あと50元出さないとこの靴は買えないから，あの靴にしよう。)
B：说话人的意思是：(話し手が言っている意味は：)
① 那双鞋是五十块钱。(あの靴は50元である。)
② 那双鞋比这双鞋贵。(あの靴はこの靴より値段が高い。)
③ 这双鞋是五十块钱。(この靴は50元である。)
❹ 那双鞋比这双鞋便宜。(あの靴はこの靴より安い。)

05 (2) A：你这孩子！怎么又弄得这么脏？快去脱下来！
(この子ったら！どうしてまたこんなに汚しちゃったの？早く脱いで！)
B：说话人是对方的：(話し手は相手の：)
① 弟弟。(弟。)
❷ 爸爸。(お父さん。)
③ 孩子。(子ども。)
④ 朋友。(友達。)

06 (3) A：我已经给他发电子邮件了，不知道他收没收到。(わたしはもう彼にメールを送りましたが，彼が受け取ったかどうか分かりません。)
B：说话人的意思是：(話し手が言っている意味は：)
① 他一定看过电子邮件了。(彼はきっとメールを読んだはずだ。)
② 他已经给我回信了。(彼はもうわたしに返信をした。)
❸ 我还没收到他的回信。(わたしはまだ彼の返信を受け取っていない。)
④ 我不知道他的邮箱地址。(わたしは彼のメールアドレスを知らない。)

07 (4) A：喂，李明，你帮我看一下桌子上有没有我的词典？
(もしもし，李明，机の上にわたしの辞書があるかどうかちょっと見てみて。)
B：说话人在干什么？ (話し手は何をしているか。)

① 在公园给李明拍照。(公園で李明に写真を撮っている。)

② 让李明买一本词典。(李明に1冊の辞書を買ってもらっている。)

③ 和李明在一起出差。(李明と一緒に出張している。)

❹ 请李明帮着找词典。(李明に辞書を捜してもらっている。)

08 (5) A：怪不得小林反对我们叫田中来，原来他们分手了。
(道理で小林さんはわたしたちが田中さんを誘うことに反対するわけだ，二人は別れていたんだね。)

B：说话人的意思是：(話し手が言っている意味は：)

❶ 小林不想见到田中。(小林さんは田中さんに会いたくない。)

② 小林想给我们介绍田中。
(小林さんはわたしたちに田中さんを紹介したい。)

③ 我们早就知道小林和田中分手了。
(わたしたちは小林さんと田中さんが別れたことをとっくに知っていた。)

④ 田中原来一直想见我们。
(田中さんはもともとずっとわたしたちに会いたいと思っていた。)

2. AとBの対話に続くAのことばを選びます。日常会話の短い対話を聞き取り，素早く状況をつかんで反応する能力を問います。 (各5点)

10 (6) A：你感冒了，先吃一个星期药吧。
(風邪ですね。とりあえず薬を1週間のんでください。)

B：谢谢大夫。请问还有其他需要注意的吗？(ありがとうございます，先生。ほかに注意しなければならないことはありますか。)

A：① 你没有发烧，不用吃药。
(あなたは熱が出ていないので，薬をのむ必要がありません。)

② 不要忘记去医院取药。
(病院に薬を取りに行くのを忘れないでください。)

❸ 尽量避免剧烈运动。(なるべく激しい運動を避けてください。)

④ 注意身体，不要感冒了。
(体に気を付けて，風邪をひかないでください。)

11 (7) A：后天就要放暑假了，你打算怎么过？(あさってにはもう夏休みになりますが，あなたはどのように過ごすつもりですか。)

B：我要准备一下英语托福考试。
(わたしはTOEFL受験の準備をするつもりです。)

A：① 放假前你还有英语托福考试吗?
（休みに入る前にあなたはまだ TOEFL のテストもあるのですか。）

❷ 你也打算考英语托福吗?
（あなたも TOEFL を受験するつもりなのですか。）

③ 那你毕业后不想去留学了吗?
（じゃああなたは卒業後留学に行きたくなくなったのですか。）

④ 你暑假想去美国旅行吗?
（あなたは夏休みにアメリカへ旅行に行きたいのですか。）

12 (8) A：小赵，今天的展览到几点?（趙さん，きょうの展示は何時までですか。）
B：6 点。不过 5 点半以后就不能进了。
（6 時までです。でも 5 時半以降は入場できません。）

A：① 好的，你帮我看一下关门时间。
（分かりました，わたしの代わりに閉館時間を確認してください。）

② 好的，我 6 点以后能到，你等我。
（分かりました，6 時以降に到着できますから，待ってください。）

❸ 没问题，我们 5 点半以前能到。
（大丈夫です，わたしたちは 5 時半以前に到着できますから。）

④ 没问题，我们关门用不了半个小时。
（大丈夫です，閉館に 30 分もかからないですから。）

13 (9) A：咱们得出发了。（そろそろ出発しないと。）
B：别着急，让我整理一下行李。（慌てないで，ちょっと荷物を整理させて。）

A：① 好，今天你打算带我出去吗?
（分かった，きょうはわたしを連れて行ってくれるの？）

② 那就好好儿整理吧，反正今天没事儿。
（じゃあしっかり整理しなよ，どのみちきょうは用事がないし。）

③ 好，我马上就去给你寄存行李。
（分かった，今すぐあなたの代わりに荷物を預けに行くよ。）

❹ 那你快点儿吧，要来不及了。
（じゃあ早くしてよ，もう間に合わなくなってしまうから。）

14 (10) A：听说小王搬家了?（王さんは引っ越したそうですね。）
B：对，他以前住的地方离地铁站太远了。
（ええ，彼が前に住んでいた場所は地下鉄の駅から遠すぎました。）

A：❶ 我也觉得离地铁站近一些方便。
（わたしも地下鉄の駅から近いほうが便利だと思います。）
② 我家离地铁站一点儿也不远。
（わたしの家は地下鉄の駅から少しも遠くありません。）
③ 我们一起去帮他搬家吧。
（わたしたちは一緒に彼の引っ越しを手伝いに行きましょう。）
④ 等他搬了家我们一起去看看吧。
（彼が引っ越したら，わたしたちは一緒に会いに行きましょう。）

2 **500字程度の2つの文章を聞き，内容についての問い5問ずつに答えます。ポイントとなる内容を聞き取り，全体の趣旨をつかむ能力を問います。**（各5点）

解答：(1)❷　(2)❷　(3)❸　(4)❹　(5)❶　(6)❷　(7)❷　(8)❹　(9)❶　(10)❸

(1)～(5)の中国語

16 我叫山口，今年28岁。我大学一毕业就来到北京工作，已经整整5年了。

我住的地方离公司不远，坐地铁三站就到了。第一年的时候，我坐地铁上下班。第二年我买了一辆自行车，后来我就每天骑自行车上下班，不再挤地铁了。这样，既能够锻炼身体，又可以观赏路上四季的风景。

我已经习惯了北京的气候。我喜欢吃老北京火锅和水饺，也喜欢吃驴打滚儿和冰糖葫芦，但是仍然喝不了豆汁儿。

17 刚到北京的时候，路上有人向我问路，叫我“帅哥”，我非常开心：看来我的样貌在中国很受欢迎啊！后来时间一长，我知道了，他们把女性统一叫做“美女”，把男性统一叫做“帅哥”，这只是一个普通的称呼而已——我当时还有一点儿失望呢。现在，我也会叫别人“帅哥”“美女”了。

18 还有，当他们知道我是日本人时，会叫我“老外”。刚开始的时候，我听了心里很不高兴，我觉得自己并不老，而且身体壮着呢。后来，我发现他们把外国的小孩儿也称为“老外”，我这才明白，这里的“老”不是“老人”的“老”，而是一个称呼，比如“老张”“老王”“老李”。

可是，又过了一段时间，我发现，表示可怕的“老虎”这个词也带一个“老”字，“人人喊打”的“老鼠”也还带一个“老”字……这下子，我又搞不清楚了。

訳：わたしは山口と申します。ことし28歳です。大学を卒業してすぐ仕事で北京にやって来て，もう5年経ちました。

わたしの住んでいる所は会社から遠くなく，地下鉄でわずか3駅です。入社1年目は地下鉄で通勤していました。2年目に自転車を買ったので，以来毎日自転車で通勤して，満員の地下鉄に乗らなくても済むようになりました。体を鍛えるだけでなく，途中で四季折々の景色を楽しむこともできるようになりました。

わたしは北京の気候に慣れてきました。食べ物は昔ながらの北京鍋と水ギョーザが好きで，“驴打滚儿”（キビの粉で作り、きな粉や砂糖をまぶした餅菓子）と“冰糖葫芦”（サンザシの実などを串に刺し、煮溶かした砂糖でくるんだ菓子）も好きですが，“豆汁儿”（緑豆から作った豆乳を乳酸発酵させた飲料）はまだ飲めません。

北京に来たばかりのとき，路上で道を尋ねてきた人に“帅哥”（イケメン）と呼ばれて，とてもうれしく思いました。わたしの顔は中国でとてもモテるんだなあ，と。しばらくして，中国人は一律に女性を“美女”（美女），男性を“帅哥”と呼ぶことに気が付きました。これはただの呼称に過ぎないと分かって，少しがっかりしたことを覚えています。今では，わたしも人を“帅哥”“美女”と呼んでいます。

また，わたしが日本人だと分かると“老外”（外国人）と呼ばれます。最初は内心で不満でした。年を取っていないし，体はまだまだ丈夫だと思ったからです。後になって，外国人の子どものことも“老外”と呼んでいるのに気付きました。そこでようやく，ここでの“老”は“老人”の“老”ではなく，“老张”“老王”“老李”のように，呼び方の一つだと分かりました。

しかし，またしばらくしたら，“老”という言葉は，怖い“老虎”（虎）にも，“人人喊打”（皆が嫌う。毛沢東《反对党八股》にある言葉“老鼠过街，人人喊打”から）の“老鼠”（ねずみ）の前にも用いられることに気付きました。……それで，わたしはもうよく分からなくなってしまいました。

19 (1) 問：大学毕业的时候，山口多大了？

（大学を卒業したとき，山口さんは何歳だったか。）

答：① 21岁。（21歳。）

❷ 23岁。（23歳。）

③ 25岁。（25歳。）

④ 28岁。（28歳。）

20 ⑵ 問：以下哪一项不是山口骑自行车上下班的理由？
（山口さんが自転車で通勤する理由について，違うものは，次のどれか。）

答：① 不用挤地铁。（満員の地下鉄に乗らなくて済むから。）

❷ 工作进入第三年了。（仕事が3年目に入ったから。）

③ 可以锻炼身体。（体を鍛えることができるから。）

④ 能够观赏路上四季的风景。
（途中で四季折々の景色を楽しむことができるから。）

21 ⑶ 問：大家为什么叫山口“帅哥”？
（みんなどうして山口さんを“帅哥”と呼ぶのか。）

答：① 因为他长得非常帅。（彼は見た目がとてもかっこいいから。）

② 因为他的样貌在中国很受欢迎。（彼の顔は中国でモテるから。）

❸ 因为这是一个普通的称呼。（それは普通の呼称だから。）

④ 因为他是一个外国人。（彼は外国人だから。）

22 ⑷ 問：大家叫山口“老外”，为什么刚开始他不高兴？（みんなが山口さんを“老外”と呼ぶことについて，彼はなぜ当初不満だったのか。）

答：① 因为他的年龄在北京已经算老了。
（彼の年齢は北京ではすでに年を取っていると見なされているから。）

② 因为他已经不是小孩子了。
（彼はすでに子どもではなくなっていたから。）

③ 因为大家都很尊敬他。（みんな彼のことを尊敬しているから。）

❹ 因为他以为这是“老人”的意思。
（彼はそれを「老人」の意味だと思っていたから。）

23 ⑸ 問：与本文内容相符的是以下哪一项？
（本文の内容と一致するものは，次のどれか。）

答：**❶ 山口现在对北京的气候很习惯。**
（山口さんは今は北京の気候に慣れた。）

② 山口长得一点儿也不帅。
（山口さんは見た目が少しもかっこよくない。）

③ 北京的食物，山口什么都喜欢。
（山口さんは北京の食べ物はすべて好きだ。）

④ 大家觉得山口很可怕。
（みんなは山口さんのことをとても怖いと思っている。）

⑹～⑽の中国語

32 上个星期我给日本学生留的作业是用汉语写一篇作文，题目是：一封给新型冠状病毒的信。现在我准备看他们的作文。新冠的流行使学生们只能在家里独自对着电脑上课，他们不能去学校见同学，毕业旅行也被取消了。他们会对新冠说些什么呢？

信的开始当然是对收信人的称呼，学生们把学过的词都用上了，有“亲爱的新冠”，当然也有“敬爱的新冠”，真是一群有礼貌的学生！有的学生居然称呼新冠为“新冠先生”、“新冠小姐”。原来在想象丰富的他们眼里，新冠还是有性别的呀！

33 进入正文，学生们便开始数落起新冠的罪状来：新冠的到来改变了他们的生活，新冠减少了他们出门的次数，新冠不让他们和朋友一起吃饭。学生最苦恼的是大街上的人们都戴着口罩，看不到彼此的笑脸，感到非常寂寞。

同时，还有学生在信里对新冠表示感谢。因为新冠，有的学会了做饭，有的在家里静下心来读了许多书。还有的学生说，新冠增加了他们和家人相处的时间。

34 信到结尾，学生们写了给新冠的祝福语：“祝你身体健康”，或者“祝你工作顺利”。天哪，我该怎么给他们修改呢？真让我哭笑不得。最后，许多学生写：“新冠，再见！”汉语的“再见”可是“我还想和你见面”的意思啊。笑过之后，学生的善良让我温暖了好一阵。

訳：先週，わたしは日本人学生に「新型コロナウイルスへの手紙」というテーマで中国語の作文を書いてもらった。これから彼らの作文を読んでいく。コロナの広がりにより，学生たちは家で一人パソコンに向かって授業を受けており，学校に行ってクラスメートに会うこともできず，卒業旅行も中止になってしまった。彼らはコロナに何を言うのだろうか。

手紙の冒頭には，当然相手への宛名が書かれているのだが，学生たちは「親愛なるコロナ様」からもちろん「敬愛するコロナ様」まで，習った言葉をすべて使っていた。なんと礼儀正しい学生たちなんだろう。実際にコロナのことを「コロナ氏」「コロナ嬢」と呼んでいる学生もいた。つまり，想像力豊かな彼らから見れば，コロナにも性別があるということなのだ。

本文に入ると，学生たちは，コロナの登場で彼らの生活が変わった，コロナのせいで彼らは外出の回数を減らされた，コロナが友達との食事をさせてくれなかったなど，コロナの罪を列挙し始めた。学生たちが最も悩んでいるのは，道行く人がマスクをつけていることで，お互いの笑顔が見えず，とても寂しい思いをしていることだ。

一方で，コロナへの感謝の気持ちを手紙につづった学生もいた。ある学生はコロナのおかげで料理ができるようになった。またある学生は家で心静かにたくさんの本を読むようになった。コロナが家族と過ごす時間を増やしてくれたという学生もいた。

手紙の最後には，「健康でいてください」「仕事が順調でありますように」など，コロナへの祝福の言葉が書かれていた。おやおや，どう直してあげればいいんだろう？泣くに泣けず笑うに笑えずだね。最後に多くの学生が書いたのは，「さようなら（再见），コロナ！」。中国語の“再见”は，「また会いたい」という意味だけどなあ。笑ったあと，学生たちの優しさにしばらく心が温かくなった。

35 (6) 問：老师给学生留的作业是什么？（先生は学生にどのような宿題を与えたか。）

答：① 在家里用电脑上课。（家でパソコンを用いて授業を受けること。）

❷ 给新冠病毒写一封信。（新型コロナウイルスに手紙を１通書くこと。）

③ 静下心来读一本书。（心静かに本を１冊読むこと。）

④ 参加毕业旅行。（卒業旅行に参加すること。）

36 (7) 問：在学生对新冠的称呼里没有的是以下哪一项？

（学生のコロナに対する呼称のうち，ないものは次のどれか。）

答：① 新冠小姐。（コロナ嬢。）

❷ 新冠老师。（コロナ先生。）

③ 敬爱的新冠。（敬愛するコロナ様。）

④ 亲爱的新冠。（親愛なるコロナ様。）

37 (8) 問：在学生对新冠表达感谢的原因里没有的是以下哪一项？

（学生がコロナに対して感謝する理由のうち，ないものは次のどれか。）

答：① 学会做饭了。（料理ができるようになったこと。）

② 和家人相处的时间增加了。（家族と過ごす時間が増えたこと。）

③ 读了许多书。（たくさんの本を読んだこと。）

❹ 可以戴上口罩出门了。（マスクをつけ外出してよくなったこと。）

38 (9) 問：为什么会让老师哭笑不得？

（なぜ先生は泣くに泣けず笑うに笑えないのか。）

答：**❶ 因为学生写了祝新冠“身体健康”、“工作顺利”。**

（学生がコロナに対して「健康でありますように」「仕事が順調でありますように」と書いていたから。）

② 因为学生觉得看不到别人的笑脸，很寂寞。

（学生は他の人の笑顔が見えず，寂しい思いをしていたから。）

③ 因为学生们都不愿意写祝福语。

（学生たちがみな祝福の言葉を書こうとしなかったから。）

④ 因为学生不知道人类该怎么办。

（学生は人類が何をすればいいか分からなかったから。）

39 ⑽ 問：与本文内容相符的是以下哪一项？

（本文の内容と一致するものは，次のどれか。）

答：① 很多学生感觉不到家人的重要。

（多くの学生は家族が大事であると感じることができない。）

② 汉语的“再见”表示今后不再见了。（中国語の“再见”は「今後二度と会いたくない」ということを表している。）

❸ 这个老师觉得学生们很有想象力。

（この先生は学生たちが想像力豊かであると思っている。）

④ 新冠使学生学会了用汉语写信。

（コロナによって学生は中国語で手紙を書くことができるようになった。）

筆　記 （⇨問題38頁）

1 600字程度の文章を読み，流れをつかんで適当な語句を補う８問，正しいピンインを選ぶ１問，内容の理解を問う１問に答えます。語句の知識と読解力を問います。 （各２点）

解答：(1) ❸　(2) ❶　(3) ❶　(4) ❹　(5) ❷　(6) ❹　(7) ❷　(8) ❸　(9) ❶　(10) ❹

老张 [(1)听说] 有一家名叫“饺子王”的餐馆，饺子的味道特别好。他决定去尝一尝那家餐馆的饺子，于是特意赶到那家餐馆，寻了 [(2)个] 座位坐下来，要了一盘饺子。

饺子很快端上来了。就在老张要开始吃饺子的时候，听到一个很(3)熟悉 shúxi 的声音：“老张，吃饺子啊！”老张抬头一看，原来是以前的邻居老王。他回应了一声：“哦，老王你也来吃饺子啊！”老王说：“吃饺子。”说着，就坐在离老张不远的座位上了。

老张突然感到有点儿 [(4)不自在] 了——待会儿吃完了饺子，要不要顺便给老王买单？如果给老王买单，就要多付五块钱。五块钱不是大数，可也不是小数，更重要的是，我凭什么要 [(5)无缘无故] 地为老王买单呢？你老王既不是我的上级，又不是我的亲戚朋友，既不是我的老子，又不是我的儿子……但如果不给老王买单，又 [(6)显得] 自己小气，不懂人情。

这样一想，老张就故意放 [(7)慢] 了吃饺子的速度，他要让老王先吃完。当然，老张也不是想让老王为自己买单，老张 [(8)才] 不是那种贪小便宜的人呢！老张只是不愿意 [(5)无缘无故] 地为别人买单而已，老张只是要让自己既不吃亏又不失体面而已……

老张正在费尽心思咀嚼这个问题的时候，老王的声音又响起来了：“老张，你的饺子钱我已经付了。我有事先走了，你慢慢吃。”

老王一 [(9)阵] 风似地走了。老张还没来得及回应一声谢谢，因为他正在反复琢磨刚才想的那个问题呢。

老张走出了餐馆，心里想着自己是不是太小气了，老王会怎么看自己？可就是怎么也想不起饺子的味道来。老张心里说——什么“饺子王”？都是吹的！

訳：張さんは，「餃子王」というレストランのギョーザが，格段においしいと聞いた。彼はそのレストランのギョーザを味わってみようと決め，わざわざそのレストランに駆けつけ，席を見つけて座り，ギョーザを一皿頼んだ。

ギョーザがすぐに出された。張さんがちょうど食べようとしたとき，聞き慣れた声が聞こえた。「張さん，ギョーザを食べるのかい。」張さんが顔を上げて見ると，なんと昔隣に住んでいた王さんだった。彼は「やあ，王さん，あなたもギョーザを食べに来たんだね。」と一言答えた。王さんは「ギョーザを食べるよ。」と言って，張さんから遠くない席に座った。

張さんは突然ちょっと窮屈に感じた。このあとギョーザを食べ終わったら，ついでに王さんの分も支払ってあげるべきか？もし王さんの分を支払うなら，5元多めに支払わなければならない。5元は大きな金額ではないが，小さな金額でもない。何より重要なのは，なぜわたしは理由もなく王さんの分まで支払わなければならないのか？王さんはわたしの上司でもなく，親戚や友人でもない，わたしの父親でもなく，息子でもない。だけど，もしわたしが王さんの分を支払わなければ，自分はケチで，人情が分からない人間に見えるだろう。

このように考えた張さんはわざとギョーザを食べるスピードを落として，王さんより遅く食べ終わることにした。もちろん，張さんも王さんに自分の分を支払わせたくはない。張さんはそんな甘い汁を吸うような人間ではないのだ。彼はただ理由もなく他人の分を支払いたくないだけだ，彼はただ自分が損をしないで体面を保たせたいだけだ。

張さんが知恵を絞って，この問題を考えているとき，王さんの声がまた響いた。「張さん，あなたの分はわたしがもう支払ったよ。用事があるから，先に行くね。ごゆっくり。」

王さんは風のように去っていった。張さんが「ありがとう」と返す間もなかった。彼はまだ先ほどのその問題を何度もじっくり考えていたからだ。

張さんはレストランを出たが，心の中で自分があまりにもケチなのだろうか，王さんが自分のことをどう見ているかばかり考えて，どうしてもギョーザの味を思い出せなかった。張さんは心の中で「何が餃子王だ，まったくほら吹きだな！」と言った。

(1) 空欄補充

① 传说　　② 了解　　❸ 听说　　④ 明白

述語動詞の問題です。“传说”は「言い伝えられている」，“了解”は「よく分かる，理解する」，“明白”は「分かる，明白である」という意味です。

⑵ 空欄補充

❶ 个　　② 只　　③ 张　　④ 把

量詞の問題です。“座位”の量詞は“个”です。“只”は動物，船，対になるべきもののうちの一方を，“张”は開いたり延ばしたりできるものや平面状の部分を持つ家具などを，“把”は刀や傘など柄や取っ手があるものを数える量詞です。

⑶ ピンイン表記

❶ shúxi　　② súqi　　③ shúxì　　④ súqì

“熟悉”（よく知っている）はかつては“shúxī”と非軽声に読まれていましたが，現在は“shúxi”に統一されています。

⑷ 空欄補充

① 不在意　　② 不自由　　③ 不在乎　　❹ 不自在

“不在意”は「気にしない，気にかけない」，“不自由”は「自由ではない」，“不在乎”は「気にかけない，問題にしない」，“不自在”は「気分が動揺して，窮屈だ，苦しい，気づまりだ」という意味です。

⑸ 空欄補充（2 か所）

① 无拘无束　　❷ 无缘无故　　③ 无声无息　　④ 无影无踪

“无…无…”を用いた四字成語の問題です。“无拘无束”は「何の拘束もこだわりもない，自由自在である」，“无声无息”は「物音を立てない，誰にも知られない」，“无影无踪”は「影も形もない，跡形もない」という意味です。“无缘无故”は「訳も言われもない，何の理由も原因もない」という意味で，これしか使えません。

⑹ 空欄補充

① 想得　　② 看得　　③ 记得　　❹ 显得

“显得…”（…のように見える）を選びます。“想得…”“看得…”は“想得到／开”“看得见”など補語構造をなします。“记得…”は「…と記憶している」という意味です。

(7) 空欄補充

① 先　　❷ 慢　　③ 快　　④ 后

“先…”“后…”は時間の前後もしくは動作の順序を，“…快”“…慢”は動作の速さを表します。速度について述べているので“快”“慢”に絞られ，そのうち，後文で“让老王先吃完”と述べているので“慢”を選びます。

(8) 空欄補充

① 又　　② 也　　❸ 才　　④ 并

断定の語気を強調する場合，よく“才…呢”の文を使います。肯定文も否定文もありえますが，ここは否定文です。

(9) 空欄補充

❶ 阵　　② 条　　③ 场　　④ 段

量詞の問題です。風がひとしきり吹くことを描写するときには“一阵风”を使います。“条”は細長いものや細長い動物を，“场”は cháng と読んで比較的長い経過をもっている自然現象，災害，chǎng と読んで映画の回数を，“段”は長いものの一部などを数えるのに使います。

(10) 内容不一致

① 老张特地去“饺子王”吃饺子。
（張さんはわざわざ「餃子王」にギョーザを食べに行った。）

② 老张不想为老王买单。（張さんは王さんの代わりに支払いたくなかった。）

③ 老张和老王以前就认识。（張さんと王さんは以前から知り合いであった。）

❹ 老张希望老王能给他买单。
（張さんは王さんが代わりに支払ってくれることを願っていた。）

2

解答：(1)❸　(2)❶　(3)❹　(4)❸　(5)❶　(6)❸　(7)❶　(8)❹　(9)❶　(10)❸

1. 正しい文を選びます。語順や語句の用法の理解を問います。　（各 2 点）

(1) ① 你怎么都连我不认识了？

② 怎么你都不认识连我了？

❸ 你怎么连我都不认识了？

（あなたはどうしてわたしのことさえも分からなくなってしまったのですか。）

④ 怎么你连都不认识我了？

“连…都…”は“连…也…”とも言い，呼応の形で「…でさえも…」という意味を表します。“怎么”（なぜ，どうして）は疑問詞なので，主語（この問題では“你”）の後に使います。

(2) **❶ 你请他们到里面来坐吧。**（彼らに中へ来て座るように言ってください。）

② 他们到里面来你请坐吧。

③ 你请到里面他们来坐吧。

④ 他们坐到里面来你请吧。

“你…吧”で「あなたは…しなさい」という軽い命令文になっています。“请”（人に…するように頼む，…してもらう）を使った兼語文（使役文）なので，「主語“你”＋“请”＋“请”の相手“他们”＋…するように頼む／…してもらう内容“到里面来坐”」の語順です。

(3) ① 我给他三次打了电话在高铁上。

② 我三次给他在高铁上电话打了。

③ 我电话三次在高铁上打了给他。

❹ 我在高铁上给他打了三次电话。

（わたしは高速鉄道の中で彼に3回電話をかけた。）

「3回電話をかけた」は「“打”（動詞）＋“了”＋“三次”（数量）＋“电话”（目的語）」の語順となり，介詞句は動詞の前に置きます。

(4) ① 今天把钱包没差点儿丢了。

② 今天没差点儿丢了把钱包。

❸ 今天差点儿没把钱包丢了。（きょうは危うく財布を無くすところだった。）

④ 今天没把钱包丢了差点儿。

“把”構文なので，副詞類（“差点儿”“没”など）は“把”の前に来ます。なお“差点儿”は，望ましい事態の場合，表現形式と相反することを意味し（例：“差点儿就买到了”＝「買えなかった」，“差点儿没买到”＝「買えた」），望ましくない事態の場合，表現形式にかかわらず，「…しなかった」という意味（例:“差点儿感冒了”＝「風邪をひかなかった」，“差点儿没感冒”=「風邪をひかなかった」）になります。この問題の“把钱包丢了”は望ましくない事態のため，“没”がなくても同じ意味です。

(5) ❶ **早知电影没意思，不如在家看电视。**

（映画が面白くないと知っていたら，家でテレビを見ていたほうがよかった。）

② 电影早知没意思，在家不如看电视。

③ 没意思早知电影，不如看电视在家。

④ 电影没意思早知，看电视不如在家。

“早知 A，不如 B”は「早く A を知っていたら，むしろ B したほうがいい」という意味を表しますので，A（“电影没意思”）と B（“在家看电视”）はそれぞれ“早知”と“不如”の後に置きます。

2. 同じ意味になる語句を選びます。語句の意味についての知識を問います。

（各 2 点）

(6) 他看见人就假笑，样子让人恶心。

（彼は人を見ると作り笑いをするので，その顔にぞっとさせられる。）

① 生气 shēngqì　② 头晕 tóuyūn　❸ 讨厌 tǎoyàn　④ 害怕 hàipà

“恶心”は「吐き気を催す，むかつく」という意味なので，“讨厌”（いやだ，嫌う）を選びます。“生气”は「腹を立てる」，“头晕”は「めまいがする」，“害怕”は「怖がる，怖くなる」という意味です。

(7) 我老伴儿原来和我一个单位。

（わたしの連れ合いは以前わたしと同じ職場だった。）

❶ 丈夫或妻子 zhàngfu huò qīzi

② 男女朋友 nánnǚ péngyou

③ 上司或同事 shàngsī huò tóngshì

④ 从小的好朋友 cóng xiǎo de hǎo péngyou

“老伴儿”は「連れ合い，老人夫婦の一方」という意味なので，“丈夫或妻子”（夫または妻）を選びます。“男女朋友”は「男性または女性の友人」，“上司或同事”は「上司または同僚」，“从小的好朋友”は「幼い頃からの親友」という意味です。

⑻ 今天是过年，我们怎么能空手去？
（きょうは正月だ，わたしたちは手ぶらで行くことなどできない。）

① 不洗手 bù xǐ shǒu　② 不戴手套 bú dài shǒutào
③ 不交钱 bù jiāo qián　❹ 不带礼物 bú dài lǐwù

“空手”は「手ぶらで」という意味なので，“不带礼物”（プレゼントを持参しない）を選びます。“不洗手”は「手を洗わない」，“不戴手套”は「手袋をはめない」，“不交钱”は「お金を納めない」という意味です。

⑼“认真”能把事情做成，“用心”能把事情做好。（真剣であれば物事をやり遂げることができ，入念であれば物事を円満にやり遂げることができる。）

❶ 专心 zhuānxīn　② 安心 ānxīn　③ 努力 nǔlì　④ 费力 fèilì

“用心”は「気を付ける，心を込める」という意味なので，“专心”（余念がない）を選びます。“安心”は「（気持ちが）落ち着く」，“努力”は「努力する，励む」，“费力”は「苦労する，面倒だ」という意味です。

⑽ 我没什么短处被他说的，我不怕！
（わたしには彼に注意されるような欠点など何もないから，平気だ！）

① 秘密 mìmì　② 心事 xīnshì　❸ 缺点 quēdiǎn　④ 疾病 jíbìng

“短处”は「欠点，短所」という意味なので，“缺点”（欠点，弱点）を選びます。“秘密”は「秘密だ，秘密」，“心事”は「心配事，考え事」，“疾病”は「疾病」という意味です。

3 適当な語句を補います。読解力と語句の知識を問います。　（各 2 点）

解答：⑴❷　⑵❸　⑶❷　⑷❶　⑸❸　⑹❸　⑺❶　⑻❹　⑼❶　⑽❸

⑴ 他们都在排队买面包，我可没那（ 工夫 ）。
（彼らはみな並んでパンを買っているが，わたしにはそんな時間などない。）

① 时候 shíhou　❷ 工夫 gōngfu　③ 余暇 yúxiá　④ 假期 jiàqī

行列してパンを買っている時間の余裕を持つ彼らに対して，わたしには…がないという流れから，“工夫”（暇，時間）を選びます。“时候”は「時間，時刻」，“余暇”は「余暇，暇」，“假期”は「休暇期間」という意味です。

(2)（　原来　）是你啊，我以为是谁来了呢。

（なんだ君か，誰が来たのかと思ったよ。）

① 确实 quèshí　② 确定 quèdìng　❸ 原来 yuánlái　④ 本来 běnlái

“我以为是谁来了呢”から，来た人物が判明したので，ものの正体や事柄の真相が分かったという意味として“原来”（なんと…のか，なんだ…のか）を選びます。“确实”は「確かに」，“确定”は「確定する」，“本来”は「もともと」という意味です。

(3) 风不但没停，（　反而　）越来越大了。

（風はやまないどころか，かえってますます強くなった。）

① 然而 rán'ér　❷ 反而 fǎn'ér　③ 可是 kěshì　④ 就是 jiù shì

予想に反することなので，“反而”（かえって）を選びます。“然而”は「ところが」，“可是”は「しかし」，“就是”は「すなわち…だ，ほかでもない…だ」という意味です。

(4) 妈妈（　温和　）地说：“孩子，别担心，一切都会好的！”

（母親は優しく言った。「ねえ，心配しないで，全部うまくいくから。」）

❶ 温和 wēnhé　② 暖和 nuǎnhuo　③ 和谐 héxié　④ 和睦 hémù

母親が子どもに対する話し方なので，“温和”（温和だ）を選びます。“暖和”は「暖かい」，“和谐”は「調和が取れている」，“和睦”は「むつまじい」という意味です。

(5) 我们公司工资很高，（　只是　）太忙，常常要加班。（うちの会社は給料が高いが，ただ仕事はとても忙しく，しょっちゅう残業しなければならない。）

① 因此 yīncǐ　② 其实 qíshí　❸ 只是 zhǐshì　④ 难怪 nánguài

後半の“太忙，常常要加班”は，前半の“我们公司工资很高”に対するやや逆接的な補足なので，“只是”（ただし）を選びます。“因此”は「それゆえ」，“其实”は「実は」，“难怪”は「道理で」という意味です。

(6) 时间这么（　紧　），我复习不完。

（時間がこれほど切迫しているのだから，わたしは復習しきれない。）

① 急 jí　② 早 zǎo　❸ 紧 jǐn　④ 快 kuài

時間がきついという意味で，“紧”（切迫している）を選びます。“急”

は「(事柄が) 急を要する」, “早”は「早い」, “快”は「速い」という意味です。

(7) 他表情（ 严肃 ）地坐着，一动也不动。
（彼は厳かな表情で座ったままで，少しも動かない。）

❶ 严肃 yánsù　② 严格 yángé　③ 严谨 yánjǐn　④ 严厉 yánlì

表情に関する表現なので，“严肃”（厳粛だ，真剣だ）を選びます。“严格”は「(規則などが) 厳しい」, “严谨”は「慎み深い」, “严厉”は「(人に対する態度などが) 厳しい」という意味です。

(8) 她（ 对待 ）工作一向都很认真。
（彼女は仕事に対してずっと真面目に向き合ってきた。）

① 思念 sīniàn　② 思虑 sīlǜ　③ 对付 duìfu　❹ 对待 duìdài

事や人に「対処する」意味を表す“对待”を選びます。“思念”は「懐かしく思う」, “思虑”は「顧慮する」, “对付”は「ほどよく処理する」という意味です。

(9) 今天要爬山，恐怕会饿，早饭大家（ 尽量 ）多吃点儿。
（きょうは山登りだ，たぶんお腹が空くだろうから，朝ごはんはみんななるべく多めに食べておきなさい。）

❶ 尽量 jǐnliàng　② 尽力 jìnlì　③ 尽管 jǐnguǎn　④ 尽情 jìnqíng

多めに食べておくという文脈から, “尽量”（なるべく）を選びます。“尽力”は「全力を尽くす」, “尽管”は「構わずに，…にもかかわらず」, “尽情”は「思い切り」という意味です。

(10) 这么大的事（ 要不要 ）和你父母商量一下儿?
（こんな大事なこと，ご両親と相談してみないといけないんじゃない？）

① 行不行 xíng bu xíng　② 会不会 huì bu huì
❸ 要不要 yào bu yào　④ 好不好 hǎo bu hǎo

空欄の場所から助動詞が入ることを確認し，また文意を考え, “要不要”（必要があるか）を選びます。“行不行”は「大丈夫か」, “会不会”は「可能性があるか」, “好不好”は「よろしいか」という意味です。

4 500 字程度の文章を読み，2 か所のピンインを漢字に改め，2 つの文を日本語に訳します。全体の内容を理解しながら，正しく漢字で書く能力，日本語の翻訳力を問います。　((a)(b)各 2 点，(1)(2)各 7 点)

最不能让我忘却的是曾周。他是北京大学生物系学生，20 世纪 80 年代中期到三官庙村来实习，为了跟踪大熊猫，从三星桥的崖顶(a) diēluò（跌落）下去，一个年轻的生命就此在深山定格。曾周被安葬在三官庙村的山坡上，他的同学在周围种了很多树，立了碑，上面刻着“看见你我们更热爱这片山林”。我没有见过曾周，但是我见到了他的父亲——一个文质彬彬的老人。老人千里迢迢赶到秦岭腹地三官庙村。(1)我默默地陪着老人在墓前坐了许久，任何安慰在丧子的老人面前都是苍白无力的。老人离开的时候对着坟墓大声说“周周，爸爸老了，以后不能来看你了……”是的，老人不能来了，但是我们还会来。几十年了，曾周的墓前常有人前去吊唁，有当地的孩子，有来考察的科学工作者。我每次去三官庙村，都要在山坡沿途摘一捧野花，送到他的墓前。曾周，看见你我们更热爱这片山林……

三官庙村，老县城村，这些地方深藏在秦岭高山(b) xiágǔ（峡谷）尽头。进入其中，(2)人和动物的故事扑面而来，紧紧护住我们，给我们以感动，让我们敬畏和感恩。

訳：わたくしが最も忘れられないのは曾周さんだ。曾周さんは北京大学生物学部の学生で，1980 年代半ば三官廟村に実習のためやって来たのだが，パンダを追って三星橋の崖の上から転落してしまった。若い命はこうして深山にてピリオドを打たれた。彼は三官廟村の山坂に埋葬され，彼の同窓たちはその周りに木をたくさん植え，石碑を立てて刻んだ。「君を見て，我々はこの山林をさらに深く愛するだろう」と。わたくしは曾周さんに会ったことはないが，彼の父上——上品で礼儀正しい老人に会ったことがある。この老人は遠路はるばる秦嶺奥地の三官廟村にやって来た。(1)わたくしは何も言わずに老人とともにお墓の前に長いこと座り続けていた。子を失った老人の前では，いかなる慰めの言葉も無力なものだ。老人はそこを離れるとき，お墓に向かって大きな声で言った。「周ちゃん，父さんは年を取ったから，これからは訪ねて来られなくなった……」そうだ，老人は来られなくなったのだ。だが，我々はまた来る。もう何十年もたったが，曾周さんのお墓に弔いに来る人は絶えずいる。この近くの子どもや，動植物など自然環境の考察をする科学者たちもいる。わたくしは三官廟村に来るたびに，山坂の野生の花を摘み取って曾周さんのお墓に供えるのだ。曾周さん，君を見て，我々はこの山林をさらに深く愛するだろう！

三官廟村，老県城村，これらの村は秦嶺奥地に位置している。その中に入れば，(2)人類と動物の物語が真っ向からやって来て，我々を確かに守り，我々に感動を与え，畏敬の念と恩義を感じさせることであろう。

(a)・(b)，(1)・(2)　上記参照

(1)“丧子的老人”は「子どもに死なれた老人」という意味です。“苍白无力”は四字熟語で「弱々しく力がない」という意味です。

(2)“扑面而来”は「真正面から顔に当たる」という意味です。“给我们以感动”は「…を与える」，“让我们敬畏和感恩”は「…を…させる」と訳します。

5 **やや長めの文４つを中国語に訳し，指定された２つの語句を使用して１つの事柄について作文します。日常で常用の語句，表現を用いて文を組み立てる能力を問います。**

((1)～(4)各４点，(5)６点)

(1) わたしの代わりに航空券を予約してもらえますか。

(你) 能不能代／帮／为／替我 (预) 订一下 (飞) 机票?

(你) 能代／帮／为／替我 (预) 订一下 (飞) 机票吗?

「…してもらえますか」「…していただけますか」のような丁寧な依頼は“能不能…”または“能…吗”で表します。「…の代わりに」は“代”のほか，“帮”（…を手伝って），“为”（…のために），“替”（…のために）と訳すこともできます。

(2) 物が多すぎて，ここに置ききれません。

东西太多，这里放不下／放不了。

「置ききれない」は可能補語を使って“放不下”または“放不了”と訳します。

(3) 彼は忙しくて，寝る時間さえありません。

他很忙，(连) 睡觉的时间都／也没有。

他忙得 (连) 睡觉的时间都／也没有。

強調表現「…さえも」「…までも」は“连…都／也”と訳します。また，様態補語の形を用いて“忙得…”と表現することもできます。

(4) 一生懸命に勉強してはじめて，よい成績が取れます。

只有努力学习，才能取得／得到／获得好成绩。

　「…してはじめて…する」は，“只有…，才…”という複文を用いて訳します。「いい成績を取る」は“取得／得到／获得好成绩”と訳します。

(5)「わたしの小学生時代」について　“好奇”“经常”を使用

（作文例）**上小学时，我对自然界充满了好奇。周末，我经常去图书馆翻看介绍海洋生物和天文宇宙的画册。**

（小学生の頃は，わたしは自然界への好奇心でいっぱいでした。週末はよく図書館に行き，海洋生物や天文，宇宙を紹介する絵本を読んでいました。）

第 110 回

(2023 年 11 月)

問　題

解答時間：計 120 分

配点：リスニング 100 点，筆記 100 点

解答と解説

リスニング

（⇨解答と解説79頁）

03 **1** 1. ⑴～⑸のＡの発話に対するＢの問いの答えとして最も適当なものを，①～④の中から１つ選びなさい。 (25 点)

04 (1)

① ② ③ ④

05 (2)

① ② ③ ④

06 (3)

① ② ③ ④

07 (4)

① ② ③ ④

08 (5)

① ② ③ ④

09 2. ⑹〜⑽のＡとＢの対話を聞き，それに続くＡの発話として最も適当なものを，①〜④の中から１つ選びなさい。 (25 点)

10 (6)

① ② ③ ④

11 (7)

① ② ③ ④

12 (8)

① ② ③ ④

13 (9)

① ② ③ ④

14 (10)

① ② ③ ④

15 **2** 中国語を聞き，⑴～⑽の問いの答えとして最も適当なものを，①～④の中から 1 つ選びなさい。 (50 点)

16

24

17

25

18

26

19 (1)

27 ① ② ③ ④

20 (2)

28 ① ② ③ ④

21 (3)

29 ① ② ③ ④

22 (4)

30 ① ② ③ ④

23 (5)

31 ① ② ③ ④

32
40

33
41

34
42

35 (6)
43 ① ② ③ ④

36 (7)
44 ① ② ③ ④

37 (8)
45 ① ② ③ ④

38 (9)
46 ① ② ③ ④

39 (10)
47 ① ② ③ ④

筆　記 （⇨解答と解説89頁）

1 次の文章を読み，⑴～⑽の問いの答えとして最も適当なものを，①～④の中から1つ選びなさい。 （20点）

妻子喜欢鲜花，每次跟妻子出去都会跟她进花店看看，时间长了，我也对花产生了[⑴]。

两年前，在我上班的路上新开了一家花店，店主是一个小伙子。有一天，我突然发现，花店8点开门，但每天开门前都有一个顾客在等着，[⑵]平时这家店也比其他花店的顾客多。有好几次，我总想进去看个明白——这家花店为什么这么红火？是因为花的品种多，还是花的质量好？后来我才知道，这家店每天开门的第一束花都是按进价出售的，[⑶]大家都想成为第一个幸运顾客。

有一天，为了给妻子买花，我一大早就赶到那家花店，我想买的花平时要卖80元，那天我以开门第一笔生意的价钱，只花了45元钱就[⑷]了。

我经常去店里买花，也一直对小伙子这种独特的经营方式充满了⑸好奇。一天买完花，我见小伙子不太忙，就顺便问他：“你为什么会有开市第一束花按进价卖的想法呢？”他微微一笑说：“是感恩！我开花店的原因是因为父亲生病后需要家人的照顾，也需要钱，开花店我可以一边工作一边照顾父亲。花店每进来一个人我就跟人说父亲的事，希望大家照顾我的[⑹]。大家听后不但很爽快地买了花，还成了回头客。在我的照顾下，半年后父亲恢复了健康。那时候我就想，鲜花不能吃不能穿，不是人们生活的必需品，但人们可以用它来[⑺]最美好的情感。于是，我就决定用这种形式来答谢顾客。”

噢，[⑻]，我明白了！他恐怕也没想到，正是那颗感恩的心使他的经营得到了更大的回报。后来，因城市改造，小伙子的花店搬到别的地方去了。包括我在内的老客户都非常想念他。[⑼]我们牢牢记住小伙子的不是他的鲜花，而是他的那一颗感恩的心。

⑴ 空欄⑴を埋めるのに適当なものはどれか。

① 好意　② 兴趣　③ 爱好　④ 心动

⑵ 空欄⑵を埋めるのに適当なものはどれか。

① 或者　② 既然　③ 而且　④ 因此

⑶ 空欄⑶を埋めるのに適当なものはどれか。

① 所以　② 因为　③ 虽然　④ 但是

⑷ 空欄⑷を埋めるのに適当なものはどれか。

① 买出去　② 买下去　③ 买起来　④ 买下来

⑸ 下線部⑸の正しいピンイン表記はどれか。

① hǎoqí　② hàoqí　③ hǎoqǐ　④ hàoqǐ

⑹ 空欄⑹を埋めるのに適当なものはどれか。

① 生意　② 生财　③ 心意　④ 发财

⑺ 空欄⑺を埋めるのに適当なものはどれか。

① 传话　② 传授　③ 传阅　④ 传递

⑻ 空欄⑻を埋めるのに適当なものはどれか。

① 花言巧语　② 不懂装懂　③ 原来如此　④ 稀里糊涂

⑼ 空欄⑼を埋めるのに適当なものはどれか。

① 让　② 为　③ 把　④ 替

⑽ 本文の内容と**一致しないもの**はどれか。

① 那家花店每天第一笔生意都不赚钱。

② 我只在小伙子的那家花店买过一次花。

③ 感恩让很多顾客经常去小伙子的店里买花。

④ 大家非常想念小伙子并不是因为他的花便宜。

2　1. (1)～(5)の中国語①～④の中から，正しいものを 1 つ選びなさい。　(10 点)

(1) ① 前面那个便利店五辆车不停下。
② 那个便利店前面停不下五辆车。
③ 五辆车停不下那个便利店前面。
④ 五辆车不停下前面那个便利店。

(2) ① 这件衣服一点儿还比那件贵呢。
② 这件衣服还比那件一点儿贵呢。
③ 这件衣服比那件还贵一点儿呢。
④ 这件衣服还一点儿比那件贵呢。

(3) ① 明天我就吃午饭去买东西了。
② 我明天吃午饭了就买东西去。
③ 明天我吃午饭就买东西去了。
④ 我明天吃了午饭就去买东西。

(4) ① 木下每天都两个小时游泳去健身房。
② 木下每天都去健身房游两个小时泳。
③ 每天木下都去健身房两个小时游泳。
④ 每天木下都去游泳两个小时健身房。

(5) ① 无论你们说什么，我也不会给他打电话。
② 无论你们说什么，也我会不给他打电话。
③ 你们无论说什么，我不也会打电话给他。
④ 你们无论说什么，也我不会给他打电话。

2. (6)～(10)の中国語の下線部の意味として最も適当なものを，①～④の中から１つ選びなさい。 (10点)

(6) 田中，你这次的暑假企业实习报告写得简直太棒了！

① 快　② 长　③ 好　④ 差

(7) 我哥哥就喜欢吹牛，其实他根本就没看过那本世界名著。

① 聊天儿　② 说大话　③ 谦虚　④ 挑战

(8) 大家只是分工不同，没有高低之分，你不能看不起别人。

① 按压　② 敌视　③ 打压　④ 轻视

(9) 小李虽然刚来公司，但干活又快又好，真的有两下子。

① 有些本领　② 有些骄傲　③ 有很多成绩　④ 有很多朋友

(10) 我最近刚找到工作，要做的事情很多，今天没工夫陪你逛街。

① 心情　② 时间　③ 力气　④ 金钱

3 ⑴～⑽の中国語の空欄を埋めるのに最も適当なものを，①～④の中から１つ選びなさい。 (20 点)

⑴ 最近视力越来越差，一定要去配一（　　　）近视眼镜了。

① 对　② 双　③ 副　④ 把

⑵ 上次的英语考试太难了，今天分数公布了，我（　　　）不及格。

① 差不多　② 差点儿　③ 大概　④ 或许

⑶ 五年前的那次高中毕业旅行给我留下了非常（　　　）的印象。

① 深入　② 深厚　③ 深远　④ 深刻

⑷ 我和朋友已经约（　　　）了，明天在车站旁边的星巴克见面。

① 成　② 好　③ 出　④ 下

⑸（　　　）老李明天不能来的话，你就替他把这个工作做了吧。

① 但是　② 还是　③ 于是　④ 要是

⑹ 这个房间太脏了！明天客人就来了，你得尽快把它打扫（　　　）。

① 清楚　② 漂亮　③ 干净　④ 明白

⑺ 这个苹果手机好是好，不过太贵了，我实在（　　　）。

① 买不起　② 买不到　③ 买不完　④ 买不来

⑻ 我们都是这么多年的老朋友了，你千万别跟我（　　　）。

① 多虑　② 做客　③ 远虑　④ 客气

⑼ 木下总是热心地帮助别人，我们都要好好地（　　　）他学习。

① 对　② 向　③ 往　④ 朝

⑽（　　　）决定了毕业后要去留学，那就从现在开始好好儿准备吧。

① 不管　② 即使　③ 既然　④ 尽管

4 次の文章を読み，ピンイン表記の(a)・(b)を漢字（簡体字）に改め，下線部(1)・(2)を日本語に訳しなさい。 （18点）

过年的脚步越来越近，过年的话题越来越多，年味儿无处不在，尤其是手机里的朋友圈，简直快被浓浓的年味儿塞满了。

一件红红的羊绒衫，是王奶奶晒出来的年味儿。王奶奶穿着羊绒衫，在镜子前面左照右照、前照后照，笑得合不拢嘴。红红的羊绒衫衬托出王奶奶(a)xǐyuè的心情。

满满一箱子的土特产和笨猪肉是小李晒出来的年味儿。这是他从农村的父母家带回来的。小李的父母一进腊月，就把自家养的肥猪杀了，分送给儿女和朋友，剩下的等家人团聚时享用。

跟父母用家乡话聊天儿的视频是小张晒出来的年味儿。小张今年不能回家过年，(1)他就请人帮老人安装了摄像头，这样就可以隔着屏幕陪伴老人了，虽远在异乡也少了些牵挂。

有人说现在年味儿越来越淡了。我想，年是我们这个文明古国最隆重而盛大的节日，它给人们带来无限的(a)xǐyuè和(b)qīpàn，年味儿永远都不会淡去，只是随着时代的进步，变换了表达的方式。(2)朋友圈里的照片和小视频像一朵朵花儿此起彼伏地盛开着，不知不觉我已陶醉其中了。

5 ⑴〜⑷の日本語を中国語に訳しなさい。また，⑸の指示に従って中国語で文章を書きなさい。

(漢字は崩したり略したりせずに書き，文中・文末には句読点や疑問符をつけること。)

(22 点)

⑴ わたしは兄が新しく買ったパソコンを使ってみたい。

⑵ わたしの自転車はまた彼に乗って行かれました。

⑶ 姉はその魚を冷蔵庫に入れました。

⑷ あした早めに図書館に勉強しに行ったほうがいいですよ。

⑸ 「わたしの中国語学習の秘訣」について，次の 2 つの語句を使用して 30 字以上 50 字以内で書きなさい。

(使用した 2 つの語句には下線を引くこと。)

“经常” “觉得”

※句読点も 1 字と数えます。文頭を 2 マス空ける必要はありません。

リスニング （⇨問題68頁）

1

解答：(1)❷　(2)❹　(3)❸　(4)❹　(5)❶　(6)❷　(7)❸　(8)❶　(9)❹　(10)❶

1．Aの発話に対するBの問いの答えを選びます。日常会話の一言を聞き取り，素早く状況をつかむ能力を問います。（各5点）

04 (1) A：你说什么？！ 这次旅行田中不去了？ 那太没意思了。（なんだって？！今回の旅行，田中さんが行くのをやめただって？なんてつまらない。）

B：说话人是什么意思？ （話し手が言っている意味は？）

① 她没听明白对方说的是什么意思。
（彼女は相手の言っていることがどういう意味なのか分かっていない。）

❷ 她觉得没有田中的旅行没有意思。
（彼女は田中さんのいない旅行は面白くないと思っている。）

③ 她想知道这次旅行田中为什么不去。
（彼女は今回の旅行に田中さんがなぜ行かないのか知りたがっている。）

④ 她想问问田中这次旅行有没有意思。
（彼女は田中さんに今回の旅行は面白いかどうかを尋ねたがっている。）

05 (2) A：明天的电影票已经卖光了，没办法，只好买了后天的。
（あしたの映画のチケットはすでに売り切れてしまった。しかたない，あさってのを買うしかない。）

B：说话人是什么意思？ （話し手が言っている意味は？）

① 她后天太忙，不能去看电影。
（彼女はあさってはあまりにも忙しく，映画を観に行くことができない。）

② 她买到了明天的电影票。
（彼女はあしたの映画のチケットを買って手に入れた。）

③ 明天和后天的电影票都卖光了。
（あしたとあさっての映画のチケットはすべて売り切れた。）

❹ 她只能后天去看电影了。
（彼女はあさってに映画を観に行くしかない。）

06 (3) A：我跟木下一样，不喜欢吃辣的，喜欢吃甜的。（わたしは木下さんと同じで辛いものが好きではありませんが，甘いものは好きです。）

B：说话人是什么意思？（話し手が言っている意味は？）

① 木下喜欢吃甜的，她喜欢吃辣的。

（木下さんは甘いものが好きで，彼女は辛いものが好きである。）

② 她和木下两个人都喜欢吃辣的。

（彼女と木下さんの二人はどちらも辛いものが好きである。）

❸ 她和木下两个人都喜欢吃甜的。

（彼女と木下さんの二人はどちらも甘いものが好きである。）

④ 她喜欢吃甜的，木下喜欢吃辣的。

（彼女は甘いものが好きで，木下さんは辛いものが好きである。）

07 (4) A：老李，你这是普通的感冒，不用打针吃药，多休息休息就行了。

（李さん，あなたのは普通の風邪ですから，注射も薬も必要ありません。よく休めば大丈夫です。）

B：说话人是什么意思？（話し手が言っている意味は？）

① 老李感冒了，要在医院好好儿治疗。

（李さんは風邪をひき，病院でしっかりと治療しなくてはならない。）

② 老李的感冒非常严重，要吃药打针。

（李さんの風邪は非常に重く，薬をのみ注射を打たなくてはならない。）

③ 老李的感冒需要吃药，但不用打针。

（李さんの風邪は薬をのまなくてはならないが，注射を打つ必要はない。）

❹ 老李只要在家好好儿休息就可以了。

（李さんは家でよく休みさえすればよい。）

08 (5) A：那家韩国烤肉店太远了，我们今天去公司附近的中国菜馆儿吃吧。

（あの韓国焼肉店は遠すぎるから，きょうは会社の近くの中華料理店に食べに行きましょう。）

B：说话人是什么意思？（話し手が言っている意味は？）

❶ 她今天不想去太远的地方吃饭。

（彼女はきょう遠すぎる場所にごはんを食べに行きたくない。）

② 她们公司附近没有中国菜馆儿。

（彼女らの会社の近くには中華料理店はない。）

③ 那家韩国烤肉店不远，就在公司附近。

（あの韓国焼肉店は遠くなく，会社のすぐ近くにある。）

④ 她不知道公司附近有没有中国菜馆儿。
（彼女は会社の近くに中華料理店があるかどうかを知らない。）

2. AとBの対話に続くAのことばを選びます。日常会話の短い対話を聞き取り，素早く状況をつかんで反応する能力を問います。 （各5点）

10 (6) A：对不起，我借的书过期了一个星期，会被罚款吗？（すみません，わたしが借りた本は1週間延滞しました。罰金を課せられますか。）

B：按照图书馆的规定，您要交5块钱的罚款。
（図書館の決まりにより，あなたは5元の罰金を支払わなくてはなりません。）

A：① 太好了！我以为借的书过期了要罚款呢。（よかった！わたしは借りた本が延滞したら罰金を払わなくてはならないのかと思っていました。）

❷ 好的。我没现金，可以用微信支付吗？（分かりました。現金の持ち合わせがないので，ウィーチャットペイでもかまいませんか。）

③ 知道了！我借的书还有一个星期才到期呢。（分かりました！わたしが借りた本はまだ期日まであと1週間ありますね。）

④ 是吗？过期一天就要罚款100块，太贵了。（そうですか。延滞1日で100元も支払わなくてはならないなんて，高すぎます。）

11 (7) A：老李，你女儿快考大学了吧？
（李さん，娘さんはもうすぐ大学受験ですよね。）

B：她呀，今年都大学毕业开始上班了。
（娘ですか，ことしもう大学を卒業して働き始めました。）

A：① 哎呀，都上大学了！学的是什么专业啊？（えっ，もう大学に入ったのですか！勉強しているのはどのような専門ですか。）

② 是吗？那考上的是哪所大学？离家远吗？
（そうですか。では合格したのはどの大学ですか。家から遠いですか。）

❸ 哎呀，真快！那她现在做什么工作呀？
（えっ，本当に早いですね！では彼女は今何の仕事をしているのですか。）

④ 是吗？高中一毕业就上班了，太早了吧。
（そうですか。高校を卒業してすぐ働くのは，早すぎるでしょう。）

12 (8) A：明天是赵老师的生日，我们给他买两瓶酒吧。
（あしたは趙先生の誕生日なので，先生にお酒を2本買いましょう。）

B：赵老师最近身体不太好，听说医生不让他喝酒了。

（趙先生は最近体調があまり良くありません。聞いたところによると，医者がお酒を飲むのを止めたそうです。）

A：❶ **那买什么礼物好呢？你知道不知道赵老师还喜欢什么？**

（では，何のプレゼントを贈ったらよいですか。趙先生は何がお好きなのか知っていますか。）

② 我以前就知道赵老师不喝酒。我们买个蛋糕，好吗？

（わたしは以前から趙先生はお酒を飲まれないことを知っていました。わたしたちはケーキを買いませんか。）

③ 赵老师的生日是上个月五号，早就过了一个多月了。

（趙先生の誕生日は先月の5日で，とっくに1月余り過ぎました。）

④ 医生说每天喝点儿酒对身体好，咱们就买酒吧。

（お医者さんは，毎日お酒を少し飲むのは身体に良いと言っているので，お酒を買いましょう。）

13 (9) A：这个周末你有时间吗？我们一起去爬山吧。

（この週末あなたは時間がありますか。一緒に山登りに行きましょう。）

B：周末我有时间，可天气预报说这一周都有雨。

（週末わたしは時間はありますが，天気予報は今週は雨だと言っています。）

A：① 我跟你一样，也不喜欢爬山。我们去买东西吧。（わたしもあなたと同じで山登りは好きではないので，買い物に行きましょう。）

② 你这个周末有事儿啊？那你什么时候有时间？

（あなたは今週末用事があるのですか。ではいつなら時間がありますか。）

③ 天气预报说下星期下雨，那我们这个星期去吧。

（天気予報が来週は雨が降ると言っているなら，今週行きましょう。）

❹ **那我们就不去爬山了，去看电影，怎么样？**

（では山登りに行くのはやめて，映画を観に行きましょう，どうですか。）

14 (10) A：这条黑色的连衣裙有点儿小，有大号的吗？

（この黒いワンピースは少し小さいので，Lサイズのはありますか。）

B：今天大号的刚卖完。十天后能来新货，您能等吗？

（きょうLサイズは売り切れたばかりです。10日後に新しい商品が入荷しますが，それまでお待ちになりますか。）

A：❶ **我急用，其他样式的黑色连衣裙有大号的吗？**（すぐに必要なので，他のデザインの黒いワンピースはLサイズがありますか。）

② 太好了！麻烦您帮我留一件，我后天来取。
（よかった！1着取り置いてもらえますか。あさって取りに来ます。）

③ 我已经等了十天了，大号的什么时候能来？
（わたしはもう10日も待ちました。Lサイズのはいつ入るのですか。）

④ 那就麻烦您给我拿一条大号的，我试试。
（ではお手数ですがLサイズのを取ってください，試してみます。）

2 **500字程度の2つの文章を聞き，内容についての問い5問ずつに答えます。ポイントとなる内容を聞き取り，全体の趣旨をつかむ能力を問います。**（各5点）

解答：(1)❷　(2)❸　(3)❹　(4)❷　(5)❶　(6)❷　(7)❸　(8)❹　(9)❶　(10)❸

(1)～(5)の中国語

16 王小龙是一个意大利小伙子，他做梦也没想到有一天他会在中国出名。

王小龙上小学时就会说德语和法语。上高中时王小龙对俄语和汉语这两种未知的语言都很感兴趣，他最终选修了汉语。上大学后王小龙拿到了中国政府的奖学金，先在北京学习，后来考上了上海一所大学的研究生。研究生毕业时，他的父母也来参加了他的毕业典礼。王小龙作为留学生代表用汉语做了毕业演讲。

17 王小龙说刚来中国时他只会说一些简单的汉语，但随着汉语水平的提高，他对中国文化的认识越来越深刻。外国人来中国后，常常对高铁、共享单车、网购和电子支付感到惊奇，他们把这些称为“中国的新四大发明”。但让王小龙感到神奇的却是中国的开水。他说，当他身体不舒服时，中国同学就告诉他要多喝开水。发烧了，喝开水；胃疼，喝开水；压力大，还是喝开水。他说，中国的开水真的是太神奇了，什么病都能治。他的话引起大家的阵阵笑声和掌声。王小龙的父母也笑着为儿子鼓掌。王小龙说，你们不要以为我的父母能听懂汉语，其实是我提前告诉他们，要他们跟着大家一起笑和鼓掌。他的幽默又让大家大笑了起来。

18 王小龙幽默的演讲让他出名了。毕业后他打算在中国工作，不回意大利了。他的父母虽然感到有点儿伤心，但他们表示能够理解并支持儿子在中国发展自己的事业。

訳：王小龍はイタリア人の若者で，中国で有名になる日が来ようとは夢にも思っていませんでした。

王小龍は小学校のときにはもうドイツ語とフランス語を話すことができました。高校のときに王小龍はロシア語と中国語という2つの未知なる言語にとても興味を持ちましたが，最終的に中国語を選んで学びました。大学入学後，王小龍は中国政府の奨学金を得て，まず北京で勉強してから，その後上海の大学の大学院に合格しました。大学院を修了するとき，彼の両親が修了式に参加するためにやって来ました。王小龍は留学生代表として中国語で卒業スピーチをしました。

王小龍は，中国に来たばかりの頃，彼は簡単な中国語を少し話せるだけだったが，中国語レベルが向上するにつれて，中国文化に対する認識がますます深くなったと述べました。外国人は中国に来てから，よく高速鉄道，シェア自転車，インターネットショッピング，電子決済に驚嘆し，彼らはそれらを「中国の新四大発明」と呼んでいますが，王小龍に不思議だと感じさせたのは中国のお湯でした。彼は，彼が体調が優れないときに，中国人のクラスメートがお湯をたくさん飲まなくてはらないと言ったと言いました。熱が出た，それならお湯を飲んで，胃が痛い，それならお湯を飲んで，プレッシャーが大きい，それもまたお湯を飲んで。彼は言いました，中国のお湯は本当にあまりにも不思議で，どんな病でも治すことができます。彼の話は皆の爆笑と拍手を誘いました。王小龍の両親も息子のために拍手喝采しました。王小龍は言いました。皆さん，わたしの両親は中国語が分かると思わないでください。実は，あらかじめ皆さんについて一緒に笑ったり拍手したりするようにと言っておいたのです。彼のユーモアはまたもや皆を大笑いさせました。

王小龍はユーモアのあるスピーチで有名になりました。卒業後，彼は中国で働くつもりで，イタリアへは帰らないことにしました。彼の両親は少し悲しみましたが，息子が中国で自分の事業を発展させることを理解できると言い，応援すると言いました。

19 (1) 問：王小龙是什么人？（王小龍はどのような人ですか。）

答：① 是上海的一位意大利语专业的研究生。
（上海のイタリア語を専門とする大学院生です。）

❷ 是一个在中国留学的意大利人。（中国留学中のイタリア人です。）

③ 是一位意大利米兰大学的留学生。
（イタリアのミラノ大学の留学生です。）

④ 是一位北京大学汉语专业的研究生。
（北京大学の中国語専攻の大学院生です。）

20 (2) 問：王小龙在小学时就会说什么外语?
(王小龍は子どもの頃にはもう何語を話すことができましたか。)

答：① 法语和英语。(フランス語と英語。)
② 英语和德语。(英語とドイツ語。)
❸ **法语和德语。**(フランス語とドイツ語。)
④ 俄语和法语。(ロシア語とフランス語。)

21 (3) 問：王小龙是通过什么资金来中国的?
(王小龍は何の資金で中国に来たのですか。)

答：① 意大利政府的奖学金。(イタリア政府の奨学金。)
② 自己打工挣来的钱。(自分でアルバイトして稼いだお金。)
③ 父母给他准备的钱。(両親が彼のために用意したお金。)
❹ **中国政府的奖学金。**(中国政府の奨学金。)

22 (4) 問：外国人说的中国的“新四大发明”里没有哪一项?
(外国人の言う中国の「新四大発明」には，どれが含まれていませんか。)

答：① 高铁。(高速鉄道。)
❷ **开水。**(お湯。)
③ 共享单车。(シェア自転車。)
④ 电子支付。(電子決済。)

23 (5) 問：与本文内容相符的是以下哪一项?
(本文の内容と一致するものは，次のどれか。)

答：❶ **王小龙刚来中国的时候不是完全不会说汉语。**(王小龍は中国に来たばかりの頃は中国語が全く話せなかったわけではなかった。)
② 王小龙的父母会一点儿汉语，也很喜欢中国。
(王小龍の両親は中国語が少しでき，中国のことも好きである。)
③ 让王小龙在中国出名的原因是因为他会说许多国家的语言。
(王小龍を中国で有名にした原因は，彼がたくさんの外国語を話すことができたからである。)
④ 让王小龙的父母感到伤心的是王小龙毕业后就会离开中国。
(王小龍の両親が悲しんだのは，王小龍が卒業後すぐに中国を離れるからである。)

⑹～⑽の中国語

32 最近中国的大城市开始流行陪诊服务。陪诊服务不是上门看病、网上医疗咨询，也不是雇用私人医生，简单地说陪诊服务就是有人陪伴着去医院看病的服务。“陪诊服务”不是新名词，2001 年《中国老年报》曾报道过一位老人雇人陪自己去医院看病的事情，在那篇文章中就提到了“陪诊服务”这个说法。接受陪诊服务的主要是老人、行动不便的人，有一部分需要做手术但亲人不在身边的年轻人也会利用陪诊服务。

33 做这个工作的人员叫陪诊员。陪诊员陪着去医院、帮着排队、拿药、交钱。看完病，还会把患者送回家。如果药吃完了，而患者又不想去医院，那么陪诊员也可以帮着去医院取药然后再寄给患者。陪诊员大部分是兼职人员，对学历和专业都没有要求，但比较受欢迎的陪诊员是具有专业医疗知识的人员，比如护士、医学院的学生等。

34 李雪是一名陪诊员，她的专业是法律。她也没想到有一天自己会从事这个工作。李雪当陪诊员跟她经常陪父亲看病有关。在医院李雪看到有很多患者看病时会遇到各种各样的困难，这让她产生了为这些人提供陪诊服务的想法。李雪在 2022 年成立了自己的陪诊公司，公司里有十几名兼职陪诊员。陪诊的收费标准为四小时以内 200 元，超过四小时的费用按小时计算，收费金额要看具体的服务内容。李雪的理想是将来多开几家陪诊公司。

訳：最近，中国の大都市では“陪诊服务”（診察付き添いサービス）が流行し始めている。“陪诊服务”は，訪問診察やネットでの医療コンサルティングではなく，またパーソナルドクターを雇うことでもなく，簡単に言えば“陪诊服务”とは病院に診察に行くのに付き添うサービスである。“陪诊服务”は新しい名詞ではなく，2001 年の『中国老人新聞』がある老人が人を雇って病院へ診察に行くのに付き添ってもらったことを報道し，その文章の中で“陪诊服务”という言い方を取り上げたのである。“陪诊服务”を利用するのは主にお年寄りや行動が不自由な人である。手術を受けなくてはならないが家族がそばにいない若い人も“陪诊服务”を受けることがある。

この仕事をするスタッフを診察付添員という。診察付添員は，病院に付き添ったり，列に並んだり，薬を受け取ったり，代金を支払ったりする。診察が終われば，患者を家まで送り届ける。もし薬をのみ終わったけれど患者が病院に行きたくないときには，診察付添員が病院に薬を受け取りに行き郵送することもできる。診察付添員は大部分がパートタイムであり，学歴や専門性の要求はないが，人気のある診察付添員は，どちらかと言えば専門的な医療知識を持つ，例えば看護師や医学部の学生といった人である。

李雪は診察付添員で，彼女の専門は法律である。彼女自身も自分がこの仕事に従事するようになるとは思ってもみなかった。李雪が診察付添員になったのは，彼女がよく父親の診察に付き添っていたことと関係がある。病院で李雪は診察時にさまざまな困難に直面する多くの患者を目にし，このことが彼女にこれらの人々のために“陪诊服务”をしようという考えを抱かせた。李雪は2022年に自分の“陪诊服务”会社を設立し，十数名のパートタイムの診察付添員を抱える。“陪诊服务”の基本料金は4時間以内で200元，4時間を超える費用は1時間ごとに計算し，徴収する金額は具体的なサービス内容による。李雪の夢は，将来“陪诊服务”会社をたくさん開くことである。

35 (6) 問：陪诊服务是一项什么服务？（“陪诊服务”とはどのようなサービスか。）

答：① 是医生到家里给病人看病的服务。
（医者が家を訪問し病人を診察するサービス。）

❷ 是有人陪着去医院看病的服务。
（人が病院に診察を受けに行くのに付き添うサービス。）

③ 是在网上进行医疗咨询的服务。
（ネットで医療コンサルティングをするサービス。）

④ 是帮患者找私人家庭医生的服务。
（ファミリードクターを探すのを手伝うサービス。）

36 (7) 問：李雪在大学里学的是什么专业？
（李雪が大学で学んだのはどんな専攻か。）

答：① 护理专业。（看護専攻。）

② 医学专业。（医学専攻。）

❸ 法律专业。（法律専攻。）

④ 管理专业。（マネージメント専攻。）

37 (8) 問：李雪当陪诊员和什么有关？
（李雪が診察付添員になったことは何と関係があるか。）

答：① 和她经常去医院看病有关。
（彼女がよく病院に診察に行っていることと関係がある。）

② 和她经常给病人看病有关。
（彼女がよく病人を診察していることと関係がある。）

③ 和她遇到的各种困难有关。

（彼女が遭遇したさまざまな困難と関係がある。）

❹ 和她经常陪爸爸去医院有关。

（彼女がよくお父さんに付き添って病院に行っていたことと関係がある。）

38 (9) 問：李雪公司的陪诊收费标准是多少？

（李雪の会社の診察付き添い料の基準はどのくらいか。）

答：**❶ 不超过四个小时的话是 200 块。**

（4 時間を超えなければ，200 元である。）

② 按每四个小时 200 块计算收费。

（4 時間ごとに 200 元の計算で徴収する。）

③ 超过四个小时的部分统一收 200 块。

（4 時間を超過したら一律 200 元である。）

④ 一次陪诊服务统一收取 200 块费用。

（一度の診察付き添いは一律 200 元の費用を徴収する。）

39 (10) 問：与本文内容不相符的是以下哪一项？

（本文の内容と一致しないものは，次のどれか。）

答：① 在 20 多年前就已经出现陪诊服务了。

（20 年余り前にはもう診察付き添いサービスは出現していた。）

② 大部分陪诊员都不是全职，是兼职。

（診察付添員の大部分はフルタイムではなく，パートタイムである。）

❸ 只有护士、医学院的学生才能当陪诊员。

（看護師や医学部の学生だけが診察付添員になることができる。）

④ 不只是老年人，年轻人也会利用陪诊服务。

（老人だけでなく，若者も診察付き添いサービスを利用する。）

筆　記 （⇨問題72頁）

1 600字程度の文章を読み，流れをつかんで適当な語句を補う8問，正しいピンインを選ぶ1問，内容の理解を問う1問に答えます。語句の知識と読解力を問います。（各2点）

解答：(1)❷　(2)❸　(3)❶　(4)❹　(5)❷　(6)❶　(7)❹　(8)❸　(9)❶　(10)❷

妻子喜欢鲜花，每次跟妻子出去都会跟她进花店看看，时间长了，我也对花产生了 (1)兴趣 。

两年前，在我上班的路上新开了一家花店，店主是一个小伙子。有一天，我突然发现，花店8点开门，但每天开门前都有一个顾客在等着， (2)而且 平时这家店也比其他花店的顾客多。有好几次，我总想进去看个明白——这家花店为什么这么红火？是因为花的品种多，还是花的质量好？后来我才知道，这家店每天开门的第一束花都是按进价出售的， (3)所以 大家都想成为第一个幸运顾客。

有一天，为了给妻子买花，我一大早就赶到那家花店，我想买的花平时要卖80元，那天我以开门第一笔生意的价钱，只花了45元钱就 (4)买下来 了。

我经常去店里买花，也一直对小伙子这种独特的经营方式充满了(5)好奇hàoqí。一天买完花，我见小伙子不太忙，就顺便问他：“你为什么会有开市第一束花按进价卖的想法呢？”他微微一笑说：“是感恩！我开花店的原因是因为父亲生病后需要家人的照顾，也需要钱，开花店我可以一边工作一边照顾父亲。花店每进来一个人我就跟人说父亲的事，希望大家照顾我的 (6)生意 。大家听后不但很爽快地买了花，还成了回头客。在我的照顾下，半年后父亲恢复了健康。那时候我就想，鲜花不能吃不能穿，不是人们生活的必需品，但人们可以用它来 (7)传递 最美好的情感。于是，我就决定用这种形式来答谢顾客。”

噢， (8)原来如此 ，我明白了！他恐怕也没想到，正是那颗感恩的心使他的经营得到了更大的回报。后来，因城市改造，小伙子的花店搬到别的地方去了。包括我在内的老客户都非常想念他。 (9)让 我们牢牢记住小伙子的不是他的鲜花，而是他的那一颗感恩的心。

訳：妻は花が好きで，毎回妻と出かけるときは，彼女について花屋をちょっとのぞくのだが，長く続けているうちに，わたしも花に興味が湧いた。

2年前，出勤途上に新しい花屋がオープンし，店主は若い男性である。花屋は8時に開店し，毎日開店前には客が1人待っており，しかも，この店はふだんも他の花屋より客が多い。何度も，わたしは入って確かめたいと思っていた。この花屋はなぜこんなに人気があるのだろう。花の品種が多いのか，それとも花の質が良いのだろうか。後にわたしはようやく分かった。この店は毎日開店後の最初の花束は仕入れ値で売るのである。だから，皆は幸運な最初の客になりたいのである。

ある日，わたしは妻のために花を買おうと朝早くあの花屋に駆けつけたのだが，わたしが買いたいと思っていた花はふだん80元で売られているのに，その日は開店第一号の商売の値段としてたった45元で買うことができた。

わたしはよく店に花を買いに行き，またずっと若者のこの独特の経営方式に対する好奇心でいっぱいだった。ある日，花を買い終わってから，若者があまり忙しそうでなかったのを見計って彼に尋ねた。「なぜ開店後最初の花束は仕入れ値で売ろうと考えたのですか。」彼は，少しほほえむと言った。「恩返しなんです！わたしが花屋を開いた理由は父が病気で入院し家族が世話をする必要があり，お金も必要になったからなんです。花屋なら仕事をしながら父の世話をすることができます。花屋に人が入るたびに父のことを話し，わたしの商売をよろしくとお願いしました。皆さんはそれを聞くと，すぐに花を買ってくださっただけでなく，お得意様となってくださいました。わたしの世話のもと，半年後に父は健康を回復しました。そのとき，わたしは思ったのです。花は食べることも着ることもできず，人々の生活の必需品ではないけれど，最も美しい感情を伝えることができる。それで，わたしはこのような形でお客様に感謝の気持ちをお返しすることに決めたのです。」

ああ，そういうことだったのか，分かった！まさにその恩返しの気持ちが彼の経営により多くの報いをもたらすことになろうとは，恐らく彼は思いもしなかっただろう。その後，都市改造のため若者の花屋は他の場所に行ってしまい，わたしを含む常連客はみなとても彼を恋しく思っている。若者をわたしたちの記憶にしっかりととどめているのは彼の花ではなく，あの恩返しの心なのである。

⑴ 空欄補充

① 好意　　❷ 兴趣　　③ 爱好　　④ 心动

“(对…) 产生”の目的語になるのは“兴趣”(興味) です。“好意”は「好意」,“爱好”は「趣味」,“心动”は「心拍」。

(2) 空欄補充

① 或者　② 既然　❸ 而且　④ 因此

“但每天开门前都有一个顾客在等着”と“平时这家店也比其他花店的顾客多”をつなぐ語です。後半の“也”に注目し,“也”と組み合わせて付け足しを表す“而且”(しかも) を選びます。“或者”は「あるいは」。“既然”は「…である以上は」という意味で“就”と組み合わせて用います。“因此”は「そのため」。

(3) 空欄補充

❶ 所以　② 因为　③ 虽然　④ 但是

前文でこの花屋で開店前から客が待ち, ふだんから客が多いことについて,“是因为…?”と理由が問いかけられ,“后来我才知道, 这家店每天开门的第一束花都是按进价出售的”と理由が述べられ, 改めて“大家都想成为第一个幸运顾客”と続くことから, 因果関係の結果を導く“所以”(だから) を選びます。“因为”は「なぜなら」,“虽然”は「…だが」,“但是”は「しかし」。

(4) 空欄補充

① 买出去　② 买下去　③ 买起来　❹ 买下来

朝一番の客になり仕入れ値で花を買い取った場面から,“买下来”(買い取る) を選びます。“买出去”は「買い取る」,“买下去”は「買い続ける」,“买起来”は「買ってみると」。

(5) ピンイン表記

① hǎoqí　❷ hàoqí　③ hǎoqǐ　④ hàoqǐ

“好奇”は「動詞＋名詞」の構造ですから,“好”は hào と発音します。

(6) 空欄補充

❶ 生意　② 生财　③ 心意　④ 发财

“照顾”の目的語となり文意に合うのは“生意”(商売) です。“生财”

は「利殖」，“心意”は「気持ち」，“发财”は「財を築く」。

(7) 空欄補充

① 传话　② 传授　③ 传阅　❹ 传递

“情感”を目的語にとることのできる動詞で文意に合うのは“传递”（届ける）です。“传话”は「動詞＋名詞」の構造なので，さらに名詞を続けることはできません。“传授”は「伝授する」，“传阅”は「回覧する」。

(8) 空欄補充

① 花言巧语　② 不懂装懂　❸ 原来如此　④ 稀里糊涂

前段で花屋を始めた理由が語られ，後に続けて“我明白了！”とあることに注目しましょう。納得した場面なので，“原来如此”（なるほどそうであったのか）を選びます。“花言巧语”は「美辞麗句」，“不懂装懂”は「知ったかぶりをする」，“稀里糊涂”は「頭がぼんやりしている」。

(9) 空欄補充

❶ 让　② 为　③ 把　④ 替

文脈から“让”（…に…させる）を選びます。“为”は「…のために」，“把”は「…を」，“替”は「…に代わり」。

(10) 内容不一致

① 那家花店每天第一笔生意都不赚钱。
（その花屋は毎日最初の商売ではお金を稼がない。）

❷ 我只在小伙子的那家花店买过一次花。
（わたしは若者の花屋で花を一度だけ買ったことがある。）

③ 感恩让很多顾客经常去小伙子的店里买花。（恩返しの気持ちが多くのお客をしょっちゅう若者の店に花を買いに行かせた。）

④ 大家非常想念小伙子并不是因为他的花便宜。
（皆が若者をとても恋しく思うのは彼の花が安いからというわけではない。）

2

解答：(1)❷　(2)❸　(3)❹　(4)❷　(5)❶　(6)❸　(7)❷　(8)❹　(9)❶　(10)❷

1．正しい文を選びます。語順や語句の用法の理解を問います。　（各２点）

(1) ① 前面那个便利店五辆车不停下。

❷ 那个便利店前面停不下五辆车。

（あのコンビニの前には車を５台停めることはできません。）

③ 五辆车停不下那个便利店前面。

④ 五辆车不停下前面那个便利店。

存現文の構造で「場所＋動詞＋人／モノ」の語順です。方向補語の否定形は,「動詞＋“不”＋方向補語」のように,動詞と方向補語の間に“不”を挟みます。

(2) ① 这件衣服一点儿还比那件贵呢。

② 这件衣服还比那件一点儿贵呢。

❸ 这件衣服比那件还贵一点儿呢。（この服はあれよりまだ少し高いですよ。）

④ 这件衣服还一点儿比那件贵呢。

比較文「ＡはＢより…だ」は「Ａ＋“比”＋Ｂ＋形容詞」が基本形で,副詞“还”は形容詞の前に,差を表す語“一点儿”は形容詞の後に置きます。

(3) ① 明天我就吃午饭去买东西了。

② 我明天吃午饭了就买东西去。

③ 明天我吃午饭就买东西去了。

❹ 我明天吃了午饭就去买东西。

（わたしはあした昼食を食べたらすぐ買い物に行きます。）

明日のことを述べていますから,“了”は未来完了を表す語として,先に終える動作を表す動詞の直後に置かなくてはなりません。「動詞１＋“了”＋目的語＋“就”＋動詞２」の語順です。

(4) ① 木下每天都两个小时游泳去健身房。

❷ 木下每天都去健身房游两个小时泳。

（木下さんは毎日ジムに行き２時間泳ぎます。）

③ 每天木下都去健身房两个小时游泳。

④ 每天木下都去游泳两个小时健身房。

連動文は,動作の行われる順に動詞（または動詞句）を並べますから,「ジムに行く」を先に,「２時間泳ぐ」を後に言います。動作量は動詞の直後に置きますが，“游泳” は「動詞＋名詞」の構造なので，「“游”＋“两个小时”＋“泳”」とします。

(5) ❶ 无论你们说什么，我也不会给他打电话。
（あなたが何と言おうと，わたしは彼に電話することはありません。）
② 无论你们说什么，也我会不给他打电话。
③ 你们无论说什么，我不也会打电话给他。
④ 你们无论说什么，也我不会给他打电话。

“无论…也…”（…であっても…）の “也” は副詞です。“我” のような代名詞や名詞の前に置くことはできません。さらに，“也” “不” はともに副詞で，動詞や形容詞の前に置きますが，両者を同時に用いる場合には基本的に “不” を動詞や形容詞の直前に置きます。

2. 同じ意味になる語句を選びます。語句の意味についての知識を問います。
（各 2 点）

(6) 田中，你这次的暑假企业实习报告写得简直太棒了！
（田中さん，あなたの今回の夏休み企業インターンシップレポートは，まったくもってすばらしい出来です！）
① 快 kuài（速い） ② 长 cháng（長い）
❸ 好 hǎo（良い） ④ 差 chà（劣っている）

(7) 我哥哥就喜欢吹牛，其实他根本就没看过那本世界名著。（わたしの兄ときたらほら吹きで，実はあの世界的な名著など全く読んだことがありません。）
① 聊天儿 liáotiānr（おしゃべりする） ❷ 说大话 shuō dàhuà（ほらを吹く）
③ 谦虚 qiānxū（謙虚である） ④ 挑战 tiǎozhàn（挑戦する）

(8) 大家只是分工不同，没有高低之分，你不能看不起别人。（皆分業が異なるだけで，貴賤の区別はないのだから，他人を見下してはいけません。）
① 按压 ànyā（抑えつける） ② 敌视 díshì（敵視する）
③ 打压 dǎyā（抑圧する） ❹ 轻视 qīngshì（軽視する）

(9) 小李虽然刚来公司，但干活又快又好，真的有两下子。（李さんは会社に来たばかりですが，仕事が速くてよくでき，本当に大したものです。）
❶ 有些本领 yǒuxiē běnlǐng（能力がある）
② 有些骄傲 yǒuxiē jiāo’ào（少し傲慢である）

③ 有很多成绩 yǒu hěn duō chéngjì（かなりの成績である）

④ 有很多朋友 yǒu hěn duō péngyou（友達がたくさんいる）

⑽ 我最近刚找到工作，要做的事情很多，今天没工夫陪你逛街。
（わたしは最近仕事が見つかったばかりで，やらなければならないことが多く，きょうはあなたに付き合って街に出る時間はありません。）

① 心情 xīnqíng（気持ち）　❷ 时间 shíjiān（時間）

③ 力气 lìqi（力）　④ 金钱 jīnqián（金銭）

3 適当な語句を補います。読解力と語句の知識を問います。（各 2 点）

解答：⑴❸　⑵❷　⑶❹　⑷❷　⑸❹　⑹❸　⑺❶　⑻❹　⑼❷　⑽❸

⑴ 最近视力越来越差，一定要去配一（ 副 ）近视眼镜了。（最近視力がますます悪くなり，どうしても近眼用の眼鏡を合わせに行かなくてはならない。）

① 对 duì　② 双 shuāng　❸ 副 fú　④ 把 bǎ

量詞の問題です。眼鏡を数えるのは“副”です。“对”は 1 組のもの，“双”は 2 つで一つのもの，“把”は持ち手のあるものを数えます。

⑵ 上次的英语考试太难了，今天分数公布了，我（ 差点儿 ）不及格。
（前回の英語の試験はとても難しく，きょう点数が公表されたが，わたしはもう少しで不合格になるところだった。）

① 差不多 chàbuduō　❷ 差点儿 chàdiǎnr

③ 大概 dàgài　④ 或许 huòxǔ

“差点儿”は，話し手が実現を望まない事柄の前に用いた場合は「もう少しで…だった(が,…しなかった)」という結果的にそうはならなかったことを表します。すでに点数が出ていますから，ここでは“大概”（大概）や“或许”（あるいは）とは言えません。“差不多”（ほとんど同じである，ほとんどそうである）は，否定形の語と組み合わせることはできません。

⑶ 五年前的那次高中毕业旅行给我留下了非常（ 深刻 ）的印象。
（5 年前の高校の卒業旅行はわたしにとても強い印象を残した。）

① 深入 shēnrù　② 深厚 shēnhòu　③ 深远 shēnyuǎn　❹ 深刻 shēnkè

“印象”を修飾するのは“深刻”（心に深く刻み込まれている）です。“深入”は「(物事の内部，中心に）深く入り込む」，“深厚”は「(気持ちや友情などが）深く厚い」，“深远”は「(影響や意義などが）深遠である，奥深い」。

⑷ 我和朋友已经约（ 好 ）了，明天在车站旁边的星巴克见面。(わたしは友達とすでに約束しました。あしたは駅の横のスターバックスで会います。)

① 成 chéng　❷ 好 hǎo　③ 出 chū　④ 下 xià

結果補語です。“…好”は「きちんとし終える」ことを表します。“成”は「…して…にする」，“出”は「…し出す」，“下”は「…してとどまる」ことを意味します。

⑸（ 要是 ）老李明天不能来的话，你就替他把这个工作做了吧。
(もし李さんがあした来ることができないなら，あなたが彼の代わりにこの仕事をしてください。)

① 但是 dànshì　② 还是 háishi　③ 于是 yúshì　❹ 要是 yàoshi

“要是…的话，就…”で「もし…なら…」と仮定を表します。“但是”は「しかし」，“还是”は「やはり」，“于是”は「そこで」。

⑹ 这个房间太脏了！明天客人就来了，你得尽快把它打扫（ 干净 ）。
(この部屋はあまりにも汚い！あしたはお客さんが来るから，早くきれいに掃除しなさい。)

① 清楚 qīngchu　② 漂亮 piàoliang　❸ 干净 gānjìng　④ 明白 míngbai

“把”構文の動詞には直後に何らかの成分が必要です。動詞“打扫”(掃除する）の後に結果補語として用いることができるのは“干净”(清潔だ）です。“清楚”は「はっきりしている」，“漂亮”は「美しい」，“明白”は「明らかである」。

⑺ 这个苹果手机好是好，不过太贵了，我实在（ 买不起 ）。(この iPhone は良いことは良いけれど，値段が高すぎて，わたしにはとても手が出ません。)

❶ 买不起 mǎibuqǐ　② 买不到 mǎibudào
③ 买不完 mǎibuwán　④ 买不来 mǎibulái

動詞と可能補語の否定形です。いずれも「買えない」を表しますが，それぞれ理由が異なります。「経済的に買えない」のは“买不起”です。

“买不到”は「品物不足で買えない」，“买不完”は「数が多すぎて買い終わらない」，“买不来”は「お金では買えない」。

(8) 我们都是这么多年的老朋友了，你千万别跟我（ 客气 ）。（わたしたちは長い付き合いではないですか，どうかわたしに遠慮しないでください。）

① 多虑 duōlǜ　② 做客 zuòkè　③ 远虑 yuǎnlǜ　❹ 客气 kèqi

“跟…客气”は「…に遠慮する」という意味です。“多虑”は「思い過ごしをする」，“做客”は「人を訪問する」，“远虑”は「先のことをよく考える」。

(9) 木下总是热心地帮助别人，我们都要好好地（ 向 ）他学习。
（木下さんはいつも熱心に他人の手助けをしており，わたしたちはよく彼に学ばなくてはなりません。）

① 对 duì　❷ 向 xiàng　③ 往 wǎng　④ 朝 cháo

“向…学习”は「…に学ぶ，…を見習う」という意味です。“对”は「…について」，“往”は「…の方へ」，“朝”は「…に向かって」。

(10)（ 既然 ）决定了毕业后要去留学，那就从现在开始好好儿准备吧。
（卒業後留学すると決めた以上は，今からしっかりと準備し始めてください。）

① 不管 bùguǎn　② 即使 jíshǐ　❸ 既然 jìrán　④ 尽管 jǐnguǎn

“既然…也…”で「…である以上は…」という意味です。“不管”は「…であろうと」，“即使”は「たとえ…であっても」，“尽管”は「…にもかかわらず」。

4 **500字程度の文章を読み，2か所のピンインを漢字に改め，2つの文を日本語に訳します。全体の内容を理解しながら，正しく漢字で書く能力，日本語の翻訳力を問います。** ((a)(b)各2点，(1)(2)各7点)

过年的脚步越来越近，过年的话题越来越多，年味儿无处不在，尤其是手机里的朋友圈，简直快被浓浓的年味儿塞满了。

一件红红的羊绒衫，是王奶奶晒出来的年味儿。王奶奶穿着羊绒衫，在镜子前面左照右照、前照后照，笑得合不拢嘴。红红的羊绒衫衬托出王奶奶(a) xǐyuè（喜悦）的心情。

满满一箱子的土特产和笨猪肉是小李晒出来的年味儿。这是他从农村的父母家带回来的。小李的父母一进腊月，就把自家养的肥猪杀了，分送给儿女和朋友，剩下的等家人团聚时享用。

跟父母用家乡话聊天儿的视频是小张晒出来的年味儿。小张今年不能回家过年，(1)他就请人帮老人安装了摄像头，这样就可以隔着屏幕陪伴老人了，虽远在异乡也少了些牵挂。

有人说现在年味儿越来越淡了。我想，年是我们这个文明古国最隆重而盛大的节日，它给人们带来无限的(a) xǐyuè（喜悦）和 (b) qīpàn（期盼），年味儿永远都不会淡去，只是随着时代的进步，变换了表达的方式。(2)朋友圈里的照片和小视频像一朵朵花儿此起彼伏地盛开着，不知不觉我已陶醉其中了。

訳：新年の足音がますます近づき，新年の話題がますます多くなってきて，新年の味わいがないところはない。特にスマホのモーメンツはほとんど濃厚な新年の味わいでいっぱいになりそうだ。

一着の真っ赤なカシミヤのセーターは，王おばあちゃんがあらわにした（さらけ出した）新年の味わいである。王おばあちゃんはカシミヤのセーターを着て，鏡の前で右から左へ，上から下まで眺め，笑みで口を閉じることができないほどだ。真っ赤なカシミヤのセーターは王おばあちゃんのうれしい気持ちを表している。

トランクいっぱいのお土産と豚肉は小李のさらけ出した（隠しきれない）新年の味わいである。これは，彼が農村の両親の家から持って帰ってきたものである。小李の両親は 12 月に入るとすぐに自分の家の肥えた豚をしめ，子どもたちや友達に分け，残りは一家団欒《だんらん》のときまで待って味わうのだ。

両親と故郷の言葉でおしゃべりするビデオは小張のさらけ出した（あらわにした，隠しきれない）新年の味わいである。小張はことし家で年越しをすることができず，(1)人に頼んで年老いた両親のためにカメラを設置してもらい，スクリーン越しに両親に寄り添えるようにしたので，遠く異郷にいても気がかりが少しは減った。

現代は新年の味わいが薄くなったという人がいる。わたしは，新年とは，我々古い文明を持つ国で最も重厚で盛大な祭日であり，人々に無限の喜びと期待をもたらすものだと思う。新年の味わいは永遠に薄くなるはずがなく，時代の進歩によって表現の形式が変換されただけである。(2)モーメンツの写真とビデオは一輪一輪の花のように次から次へと咲き誇り，知らず知らずのうちにすでにわたしはその中に陶酔しているのだ。

(a)・(b), (1)・(2) 上記参照

5 **やや長めの文４つを中国語に訳し，指定された２つの語句を使用して１つの事柄について作文します。日常で常用の語句，表現を用いて文を組み立てる能力を問います。**
((1)〜(4)各４点，(5)６点)

(1) わたしは兄が新しく買ったパソコンを使ってみたい。
我想用用哥哥新买的电脑。

「…してみたい」という場合は，「“想”＋動詞の重ね型」や動詞の後に“一下”をつけるなど，動詞部分で「…してみる」を表します。

(2) わたしの自転車はまた彼に乗って行かれました。
我的自行车又被他骑走了。

受け身文「A は…される」は「A ＋“被”（＋動作主）＋動詞＋ α」です。副詞“又”は“被”の前に，「乗って行く」は“骑走”です。

(3) 姉はその魚を冷蔵庫に入れました。
姐姐把那条鱼放到冰箱里了。

ある対象物に対して積極的に何らかの手を加えるので，“把”構文「“把”＋名詞＋動詞＋ α」を用います。「魚」の量詞は“条”，「冷蔵庫に入れる」は“放到冰箱里”。

(4) あした早めに図書館に勉強しに行ったほうがいいですよ。
你明天最好早点儿去图书馆学习。

「…したほうがいい」は“最好…”です。“早（一）点儿”は副詞として動詞の前に置きますが，連動文にする必要があるため，前の動詞の前に置きます。

(5)「わたしの中国語学習の秘訣」について “经常”“觉得”を使用
（作文例）**我学习汉语的秘诀就是多听、多说。我经常在网上跟中国朋友聊天儿。通过聊天我的汉语水平越来越高。我觉得说话是提高口语水平最好的方法。**
（わたしの中国語学習の秘訣はたくさん聴き，たくさん話すことである。わたしはよくネットで中国人の友達とおしゃべりをする。おしゃべりを通じてわたしの中国語のレベルはますます向上した。わたしは話をすることは会話のレベル

アップに最適の方法だと思う。)

「秘訣」は，中国語でも“秘诀”です。“经常”を用いて自ら実践している中国語学習法を述べ，“觉得”を用いて中国語学習法に関する見解を述べることができます。作文例では，“多听多说”“在网上跟朋友聊天儿”などの具体的な学習法に加え，“通过…”（…を通じて），“越来越…”（ますます…である）を用い，それらを通じて自分の中国語能力が向上したかを述べています。“水平”は「レベル」，“提高”は「引き上げる，レベルアップする」という意味です。

中国語検定試験について

一般財団法人 日本中国語検定協会が実施し，中国語運用能力を認定する試験です。受験資格の制限はありません。また，目や耳，肢体などが不自由な方には特別対応を講じます。中国語検定試験の概要は以下のとおりです。詳しくは後掲（105 頁）の日本中国語検定協会のホームページや，協会が発行する「受験案内」をご覧いただくか，協会に直接お問い合わせください。

認定基準と試験内容

準4級	**中国語学習の準備完了** 学習を進めていくうえでの基礎的知識を身につけている。 （一般大学の第二外国語において半年以上，高等学校において一年以上，中国語専門学校・講習会等において半年以上の学習程度。） 基礎単語約 500，日常あいさつ語約 80 から ○単語・語句の発音，数を含む表現，日常生活における基本的な問答及びあいさつ表現の聞き取り ○単語・語句のピンイン表記 ○基礎的な文法事項及び単文の組み立て ○簡体字の書き取り
4　級	**中国語の基礎をマスター** 平易な中国語を聞き，話すことができる。 （一般大学の第二外国語において一年以上の学習程度。） 常用語約 1,000 から ○日常生活における基本的な問答，比較的長い会話文または文章の聞き取りと内容理解 ○単語・語句のピンイン表記・声調 ○基本的な文法事項及び文法事項を含む単文の組み立て ○比較的長い文章の内容理解 ○日本語の中国語訳（記述式）
3　級	**自力で応用力を養いうる能力の保証（一般的事項のマスター）** 基本的な文章を読み，書くことができる。 簡単な日常会話ができる。 （一般大学の第二外国語において二年以上の学習程度。） 常用語約 2,000 から ○日常生活における基本的な問答，比較的長い会話文または文章の聞き取りと内容理解 ○単語・語句のピンイン表記・声調 ○基本的な文法事項及び文法事項を含む単文・複文の組み立て ○比較的長い文章の内容理解 ○日本語の中国語訳（記述式）

2　級	**実務能力の基礎づくり完成の保証** 複文を含むやや高度な中国語の文章を読み，３級程度の文章を書くことができる。 日常的な話題での会話ができる。 日常生活全般及び社会生活の基本的事項における中国語から ○日常会話及び長文の聞き取りと内容理解 ○長文読解と長文中の語句に関する理解 ○正しい語順と語句の用法，熟語・慣用句を含む語句の解釈 ○長文中の指定語句の書き取り及び指定文の日本語訳（記述式） ○日本語の中国語訳（記述式） ○与えられた語句を用いたテーマに沿った中国語作文（記述式）
準１級	**実務に即従事しうる能力の保証（全般的事項のマスター）** 社会生活に必要な中国語を基本的に習得し，通常の文章の中国語訳・日本語訳，簡単な通訳ができる。 日常生活及び社会生活全般における，新聞・雑誌・文学作品・実用文のほか，時事用語などを含むやや難度の高い中国語から **（一次）** ○長文の聞き取りと内容理解 ○長文中の指定文の書き取り（記述式） ○長文読解と長文中の語句に関する理解 ○語句の用法，熟語・慣用句を含む語句の解釈 ○長文中の指定語句の書き取り及び指定文の日本語訳（記述式） ○比較的長い日本語の中国語訳（記述式） ○与えられた語句を用いたテーマに沿った中国語作文（記述式） **（二次）** ○日常会話，簡単な日本語・中国語の逐次通訳及び中国語スピーチ
1　級	**高いレベルで中国語を駆使しうる能力の保証** 高度な読解力･表現力を有し，複雑な中国語及び日本語（あいさつ・講演・会議・会談等）の翻訳・通訳ができる。 日常生活及び社会生活全般における，新聞・雑誌・文学作品・実用文のほか，時事用語などを含む難度の高い中国語から **（一次）** ○長文の聞き取りと内容理解 ○長文中の指定文の書き取り（記述式） ○長文読解と長文中の語句に関する理解 ○語句の用法，熟語・慣用句を含む語句の解釈 ○長文中の指定文の日本語訳（記述式） ○比較的長い日本語の中国語訳（記述式） ○与えられた語句を用いたテーマに沿った中国語作文（記述式） **（二次）** ○難度の高い日本語・中国語の逐次通訳

日程と時間割

準４級，４級，３級，２級及び準１級の一次試験は３月，６月，11月の第４日曜日の年３回，１級の一次試験は11月の第４日曜日の年１回実施します。

一次試験は次の時間割で実施し，午前の級と午後の級は併願できます。

午前			午後		
級	集合時間	終了予定時間	級	集合時間	終了予定時間
準４級	10:00	11:05	４　級	13:30	15:15
３　級		11:55	２　級		15:45
準１級		12:15	１　級		15:45

※　2024年３月試験より準４級・４級の試験時間を変更しました。

準１級と１級の二次試験は，一次試験合格者及び一次試験免除者を対象に，一次が３月・６月の場合は５週間後，一次が11月の場合は翌年１月の第２日曜日に実施します。（協会ホームページに日程掲載）

受験会場

全国主要都市に約30か所，海外は３か所を予定しています。二次試験は，原則としてZoomによるオンラインで実施します（2024年４月現在）。

受験料（税込）

郵送またはインターネットで受付けます。

準４級	４　級	３　級	２　級	準１級	１　級
3,500円	4,800円	5,800円	7,800円	9,800円	11,800円

（2024年４月現在）

出題・解答の方式，配点，合格基準点

級	種類	方式	配点	合格基準点
準４級	リスニング	選択式	50点	60点
	筆　記	選択式・記述式	50点	
４　級	リスニング	選択式	100点	60点
	筆　記	選択式・記述式	100点	60点
３　級	リスニング	選択式	100点	65点
	筆　記	選択式・記述式	100点	65点

2　級	リスニング	選択式	100点	70点
	筆　記	選択式・記述式	100点	70点
準1級	リスニング	選択式・記述式	100点	75点
	筆　記	選択式・記述式	100点	75点
1　級	リスニング	選択式・記述式	100点	85点
	筆　記	選択式・記述式	100点	85点

・解答は，マークシートによる選択式及び一部記述式を取り入れています。また，録音によるリスニングを課し，特に準1級・1級にはリスニングによる書き取りを課しています。

・記述式の解答は，簡体字の使用を原則としますが，2級以上は特に指定された場合を除き，簡体字未習者の繁体字使用は妨げません。ただし，字体の混用は減点の対象とします。

・4級～1級は，リスニング・筆記ともに合格基準点に達していないと合格できません。準4級は合格基準点に達していてもリスニング試験を受けていないと不合格となります。

・合格基準点は，難易度を考慮して調整することがあります。

二次試験内容

準1級は，面接委員との簡単な日常会話，口頭での中文日訳と日文中訳，指定されたテーマについての口述の3つの試験を行い，全体を通しての発音・イントネーション及び語彙・文法の運用能力の総合的な判定を行います。10～15分程度。合格基準点は75点／100点

1級は，面接委員が読む中国語長文の日本語訳と，日本語長文の中国語訳の2つの試験を行います。20～30分程度。合格基準点は各85点／100点

一般財団法人 日本中国語検定協会

〒103-8468　東京都中央区東日本橋2-28-5 協和ビル

Tel：03-5846-9751　Fax：03-5846-9752

ホームページ：http://www.chuken.gr.jp

E-mail：info@chuken.gr.jp

試験結果データ（2023年実施分）

L：リスニング　W：筆記　口試1：中文日訳　口試2：日文中訳

第108回	準4級	4級	3級	2級	準1級	準1級二次	1級一次	1級二次
		L / W	L / W	L / W	L / W	口試	L / W	口試1/口試2
合格基準点	60	60(55)/60	65(55)/65(60)	70(65)/70	75/75	75	−	−
平均点	74.1	63.3/70.6	57.1/69.7	62.9/64.3	66.5/63.3	84.3	−	−
志願者数	1,176	1,651	1,958	896	355	62	−	−
受験者数	1,004	1,443	1,703	804	316	58	−	−
合格者数	808	856	809	235	61	56	−	−
合格率	80.5%	59.3%	47.5%	29.2%	19.3%	96.6%	−	−

第109回	準4級	4級	3級	2級	準1級一次	準1級二次	1級一次	1級二次
		L / W	L / W	L / W	L / W	口試	L / W	口試1/口試2
合格基準点	60	60(55)/60(55)	65(50)/65(50)	70(65)/70(65)	75/75	75	−	−
平均点	66.4	64.2/64.3	53.2/61.9	59.2/59.7	61.1/60.6	87.0	−	−
志願者数	973	1,449	1,892	946	377	57	−	−
受験者数	848	1,282	1,670	871	338	52	−	−
合格者数	596	764	819	269	54	49	−	−
合格率	70.3%	59.6%	49.0%	30.9%	16.0%	94.2%	−	−

第110回	準4級	4級	3級	2級	準1級一次	準1級二次	1級一次	1級二次
		L / W	L / W	L / W	L / W	口試	L / W	口試1/口試2
合格基準点	60	60(55)/60(55)	65/65	70/70	75/75	75	85/85	85/85
平均点	67.3	66.4/63.5	65.5/66.7	72.3/63.0	65.5/68.1	85.6	76.5/71.5	72.2/69.2
志願者数	2,085	2,085	2,363	1,180	346	81	214	28
受験者数	1,875	1,819	2,063	1,043	306	79	204	28
合格者数	1,246	1,086	895	345	76	77	22	10
合格率	66.5%	59.7%	43.4%	33.1%	24.8%	97.5%	10.8%	35.7%

※　二次志願者数には，一次試験免除者を含みます。

※　合格基準点欄（　）内の数字は，難易度を考慮して当該回のみ適用された基準点です。

カバーデザイン：トミタ制作室

音声ストリーミング，ダウンロード

中検２級試験問題 2024［第108・109・110回］解答と解説

2024 年 4 月 22 日　初版印刷
2024 年 4 月 28 日　初版発行

編　者　一般財団法人 日本中国語検定協会
発行者　佐藤和幸
発行所　白 帝 社

〒 171-0014　東京都豊島区池袋 2-65-1
TEL 03-3986-3271　FAX 03-3986-3272
info@hakuteisha.co.jp　http://www.hakuteisha.co.jp/

印刷 倉敷印刷（株）／製本 ㈱ティーケー出版印刷

Printed in Japan　〈検印省略〉　6914　　ISBN978-4-86398-584-1

＊定価はカバーに表示してあります。

第　　回　　2級　解答用紙　リスニング・筆記 1 2 3 4

受験番号							
会場							
氏名							

リスニング

1

(1)	1	2	3	4
(2)	1	2	3	4
(3)	1	2	3	4
(4)	1	2	3	4
(5)	1	2	3	4
(6)	1	2	3	4
(7)	1	2	3	4
(8)	1	2	3	4
(9)	1	2	3	4
(10)	1	2	3	4

2

(1)	1	2	3	4
(2)	1	2	3	4
(3)	1	2	3	4
(4)	1	2	3	4
(5)	1	2	3	4
(6)	1	2	3	4
(7)	1	2	3	4
(8)	1	2	3	4
(9)	1	2	3	4
(10)	1	2	3	4

筆記

1

(1)	1	2	3	4
(2)	1	2	3	4
(3)	1	2	3	4
(4)	1	2	3	4
(5)	1	2	3	4
(6)	1	2	3	4
(7)	1	2	3	4
(8)	1	2	3	4
(9)	1	2	3	4
(10)	1	2	3	4

2

(1)	1	2	3	4
(2)	1	2	3	4
(3)	1	2	3	4
(4)	1	2	3	4
(5)	1	2	3	4
(6)	1	2	3	4
(7)	1	2	3	4
(8)	1	2	3	4
(9)	1	2	3	4
(10)	1	2	3	4

3

(1)	1	2	3	4
(2)	1	2	3	4
(3)	1	2	3	4
(4)	1	2	3	4
(5)	1	2	3	4
(6)	1	2	3	4
(7)	1	2	3	4
(8)	1	2	3	4
(9)	1	2	3	4
(10)	1	2	3	4

4

(a)	
(b)	

点数

4

(1)	
(2)	